50 Jahre

Inhalt

Rezeptinfos

 8 **7** **3**

**SmartPoints Wert
pro Person / Glas / Stück**

 vegetarisch

 vegan

 glutenfrei

 laktosefrei

 nussfrei

Die Kennzeichnung wie zum Beispiel „vegetarisch", „vegan", „gluten-", „laktose-" oder „nussfrei" bei den Rezepten ist rein informativ und nicht verbindlich. Es liegt in der persönlichen Verantwortung zu prüfen, ob die verwendeten Lebensmittel die Anforderungen erfüllen.

WW Küchenwaage

Besonders einfach lassen sich die SmartPoints mit der WW Küchenwaage berechnen. Erhältlich im WW Studio oder auf wwshop.de.

Dürfen wir vorstellen: *meinWW*™! Mit diesem einzigartigen Programm findest du den richtigen Weg für dich. Wenn es ums Abnehmen geht, hat jeder seine eigenen Vorstellungen und Bedürfnisse. Was für den einen gut funktioniert, ist für jemand anderen vielleicht weniger geeignet. Deshalb bieten wir dir ab sofort mehr als eine Möglichkeit, mit WW abzunehmen und einen gesunden Lifestyle zu etablieren!

Die Grundlage bildet ein Ernährungskonzept, das auf ernährungswissenschaftlichen Erkenntnissen basiert. So bekommt dein Körper alles, was er braucht. Zusätzlich bekommst du Verhaltensstrategien an die Hand, die dir dabei helfen, gesunde Gewohnheiten zu entwickeln. Egal, ob es um gesündere Ernährung, einen aktiveren Lebensstil oder darum geht, deine Einstellung positiv zu verändern: Du setzt dir kleine, leicht erreichbare Ziele, die du nach und nach in deinen Alltag integrierst. Denn bei uns geht es um mehr als nur Abnehmen – es geht um langfristigen Erfolg. Es gibt 3 Wege, mit *meinWW*™ abzunehmen. Die 3 Pläne unterscheiden sich in der Anzahl der ZeroPoint™ Lebensmittel und der Höhe der täglichen SmartPoints®. Egal, ob du dich für Grün, Blau oder Lila entscheidest: Du kannst weiterhin alle Lebensmittel genießen, die du gerne magst. Hier findest du eine Übersicht zu den 3 Plänen:

Grüner Plan

100+ ZeroPoint™ Foods:

Obst und Gemüse

Mindestens 30 tägliche SmartPoints®

Blauer Plan

200+ ZeroPoint™ Foods:

Obst, Gemüse und eiweißreiche Lebensmittel wie Geflügel, Fisch, Eier, Quark, Hülsenfrüchte oder Tofu

Mindestens 23 tägliche SmartPoints®

Lila Plan

300+ ZeroPoint™ Foods:

Obst, Gemüse, eiweißreiche Lebensmittel sowie Kartoffeln und ausgewählte Vollkornprodukte

Mindestens 16 tägliche SmartPoints®

SmartPoints®

Die Basis bildet unser SmartPoints® System, das komplexe Ernährungsinformationen zu einer einfachen Zahl zusammenfasst: dem SmartPoints® Wert. Dein SmartPoints® Budget wird individuell für dich berechnet. Es besteht aus täglichen und wöchentlichen SmartPoints® und basiert auf Alter, Gewicht, Größe und Geschlecht. Wenn du dich an dein SmartPoints® Budget hältst, nimmst du ab, und zwar bis zu 1 Kilo pro Woche.

ZeroPoint™ Foods

ZeroPoint™ Lebensmittel haben 0 SmartPoints®. Warum? Weil diese Lebensmittel die Grundlage für eine gesunde Ernährung bilden und wir dich darin bestärken möchten, hier öfter zuzugreifen. 0 Punkte Lebensmittel musst du weder wiegen, noch abmessen, zählen oder aufschreiben – und du nimmst dabei trotzdem ab. Seit Einführung der ZeroPoint™ Lebensmittel sind unsere Teilnehmer sogar noch erfolgreicher*. Lass dich überraschen, wie vielfältig und abwechslungsreich Kochen mit den 0 Punkte Lebensmitteln sein kann. Genieß es und gönne dir mehr Flexibilität und Freiheit im Alltag!

*Six-month pre-post study conducted by the University of North Carolina funded by WW. Weight data reported by trial participants after 6 months on WW Freestyle.

50 Jahre Weight Watchers, 50 Jahre später WW:
Abnehmen und Genießen – ein halbes Jahrhundert lang

Es ist kein Wunder, dass wir uns in 2018 mit neuem Namen wieder einmal neu erfunden haben. Denn genau das tun wir schon seit einem halben Jahrhundert: unsere Marke immer wieder neu entdecken und das Beste hiervon für unsere Teilnehmer herausholen. Genau deshalb sind wir mit 50 Jahren Erfahrung wohl die erfolgreichste Marke zur Gewichtsreduktion.

In diesem Buch haben wir Lieblingsrezepte aus 50 Jahren WW und damit aus 50 Jahren des gemeinsamen Erfolges zusammengestellt, die nicht nur richtig lecker und leicht zuzubereiten sind, sondern auch beim Abnehmen helfen. Und ja – in fünf Jahrzehnten haben nicht nur wir, sondern auch die Esskultur manch einen Richtungswandel erlebt. Von Fast Food bis Vollwert war da alles drin. Während Frau sich emanzipierte, die Mauer fiel und ein grünes Bewusstsein Trend wurde, zieht sich eines durch: die Menschen brauchen Unterstützung bei der Abnahme und in Hinblick auf einen gesunden Lebensstil. Da kam WW wie gerufen, als 1970 der erste deutsche Workshop in Düsseldorf stattfand. Die Erfolgsstory, die in Amerika begonnen hatte, ging weiter – auch hierzulande.

Die Top 3 WW Erfolgsfaktoren – gestern wie heute

1. ein lebensnahes Konzept zum Abnehmen und für einen gesunden Lebensstil, das auf einem Ernährungsplan in Verbindung mit dem Austausch untereinander basiert

2. engagierte und begeisterte Coachs, die ihren eigenen persönlichen Erfolg weitergeben

3. die Bereitschaft, auf aktuelle Herausforderungen der Teilnehmer einzugehen und sich hierfür immer wieder neu zu erfinden

Wie die Zeit verging ...

1963 Die Hausfrau Jean Nidetch gründet in New York WW – die Stunde null für das bekannteste Unternehmen in Sachen Gewichtsreduktion.

1970 Sprung über den großen Teich – in ihrem Düsseldorfer Wohnzimmer eröffnen Irmgard und Walter Mayer den ersten WW Workshop Deutschlands.

1975 Im Oktober zählen wir in Deutschland bereits 2.300 Teilnehmer in 69 Workshops.

1980 Neuer Rekord: Wöchentlich kommen 18.000 Teilnehmer in 512 Workshops zusammen (durch einen Aufruf von Thomas Gottschalk in der Sendung „Na so was" werden es noch mehr).

1991 Am Ende des Jahres gibt es in 50 Städten der neuen Bundesländer insgesamt 10.000 neue Teilnehmer.

2001 Das WW Magazin kommt auf den Markt. Es erscheint vierteljährlich in vier europäischen Ländern.

2004 Launch der Website weightwatchers.de – das Programm kann von nun an auch ausschließlich online durchgeführt werden.

2005 Die WW Food-Range kommt in den Lebensmittelhandel.

2010 WW ist 90 Prozent aller Deutschen bekannt. 100.000 Teilnehmer nehmen an rund 3.000 Workshops bundesweit teil. Mittlerweile sind 100 WW Lebensmittel im Handel erhältlich.

2018 Aus Weight Watchers wird WW. „Wellness that works" ist unser neues Motto. Als größter Anbieter von Wellness- und Gewichtsreduktionsprogrammen sind wir mittlerweile weltweit mit einem Netzwerk von ca. 50.000 wöchentlichen Workshops vertreten.

2020 WW wird 50! In dieser Zeit haben deutschlandweit 96 Millionen Menschen die Workshops besucht. Die WW Teilnehmer konnten in diesem Zeitraum rund 47.000 Tonnen abgenommene Kilos verbuchen.

Die WW Story

oder: wie eine Hausfrau den Grundstein für ein globales Unternehmen legte

Wie alles begann ...

Sie selbst hatte unzählige Abnahmeversuche hinter sich. Keine Diät, die sie probiert hatte, half. Jean Nidetch hätte sich beim Abnehmen den Austausch mit anderen Mitstreitern gewünscht. 97 Kilo bei einer Körpergröße von 1,70 Meter wurden ihr schlussendlich zu viel.

In ihre Wohnung im Stadtteil Queens lud sie kurzum sechs übergewichtige Freunde ein, um gemeinsam über Essgewohnheiten zu reden. Der Austausch machte das Abnehmen für sie leichter – und für die anderen offenbar auch. Fortan trafen sie sich wöchentlich und siehe da: Sie schafften es und wurden schlank! Am 30. Oktober 1962 erreichte Nidetch ihr persönliches Idealgewicht von 64 Kilogramm. Bekannte und Verwandte baten sie um Hilfe. Der Kreis der Interessenten nahm zu und sprengte bald den Rahmen dessen, was für Jean Nidetch noch allein zu bewältigen war.

Al Lippert, einer ihrer Schützlinge und Manager in einer großen Firma, riet ihr schließlich, ein Unternehmen ins Leben zu rufen, das jedermann bei der Abnahme und Etablierung eines gesunden Lebensstils helfen sollte: Weight Watchers, gegründet am 05. Mai 1963 in New York.

Jean Nidetch, WW Gründerin

Was dann geschah ...

Gleich im darauffolgenden Jahr wurden weitere Workshops eröffnet. Ein erstes WW Kochbuch verkaufte sich in Millionenauflage. Die Marke ging um die Welt (bis heute eroberte das Konzept 30 Länder) und Jean Nidetch wurde zur Berühmtheit. Sie selbst hat ihr Leben lang nie wieder mehr als 68 Kilo auf die Waage gebracht.

Weck die Jean Nidetch in dir

Was uns bei WW bis heute so an Jean Nidetch fasziniert ist, dass sie selbst mit ihren zuletzt 91 Jahren (sie starb im April 2015) noch immer Vorbild für Frauen jeden Alters von heute sein konnte. Was immer in ihrem Leben passierte – sie blieb bei sich, fand immer wieder zu neuer Stärke und war erst ihren Freunden, dann allen WW Fans und allem voran sich selbst ein fester Anker.

Wie hat sie das nur gemacht? Wir bei WW glauben: mit Mut, Stärke und ihrer unfassbar positiven Energie. „It's choice — not chance — that determines your destiny" (es ist deine Wahl, nicht der Zufall, die dein Schicksal bestimmt) lautete eines ihrer Lebensmottos, das zuvor schon Aristoteles beherzigt hatte. Die Dinge selbst in die Hand nehmen, anpacken, über die eigene Komfortzone hinausgehen – dafür steht Nidetch noch heute. Eine Scheibe davon abschneiden? Unbedingt!

Gratinierte Zwiebelsuppe

Für 4 Personen   **Zubereitungszeit 15 Min.**   **Garzeit 30 Min.**

860 kJ | 205 kcal

600 g rote Zwiebeln
2 TL Rapsöl
Salz, Pfeffer
1 Liter Gemüsebrühe
   (4 1/2 TL Instantpulver)
200 ml trockener Weißwein
1 Prise geriebene Muskatnuss
4 kleine Scheiben Vollkorntoast
4 EL geriebener Käse,
   30 % Fett i. Tr.
1 Prise Paprikapulver

1 Zwiebeln schälen und in feine Ringe schneiden. Öl in einem Topf auf mittlerer Stufe erhitzen, Zwiebeln darin ca. 5 Minuten andünsten und mit Salz und Pfeffer würzen. Mit Brühe und Wein ablöschen und ca. 15 Minuten leicht köcheln lassen. Backofen auf 180° C (Gas: Stufe 2, Umluft: 160° C) vorheizen.

2 Suppe mit Salz, Pfeffer und Muskatnuss abschmecken und in 4 ofenfeste Suppentassen füllen. Toast rösten, diagonal halbieren und auf die Suppe legen. Mit Käse und Paprikapulver bestreuen und im Backofen auf mittlerer Schiene ca. 10 Minuten überbacken. Gratinierte Zwiebelsuppe nach Wunsch mit Thymian garniert servieren.

Gut kombiniert

Serviere dazu einen gemischten grünen Salat.
Mit dem cremigen WW French Dressing für 2 SmartPoints pro Portion steht der ruck-zuck auf dem Tisch. Erhältlich in allen gut sortierten Supermärkten oder auf wwshop.de.

Tafelspitz mit grüner Sauce

Für 8 Personen **Zubereitungszeit 20 Min.** **Garzeit 2 Std. 30 Min.**

1325 kJ | 317 kcal

1 Liter Wasser
Salz, Pfeffer
1 Lorbeerblatt
1 TL Pfefferkörner
1,2 kg Tafelspitz
3 Karotten
300 g Knollensellerie
2 Stangen Lauch
800 g festkochende Kartoffeln
4 EL saure Sahne
125 g Magermilchjoghurt
2 EL Zitronensaft
150 g Magerquark
1 Prise Zucker
120 g gemischte Kräuter
 (z. B. Mischung für grüne Sauce)
1 Schalotte

1 Wasser mit Salz, Lorbeerblatt und Pfefferkörnern in einem Topf auf mittlerer Stufe aufkochen. Tafelspitz trocken tupfen, dazugeben und mit Deckel auf kleiner Stufe in siedendem Wasser ca. 2 Stunden gar ziehen lassen.

2 Karotten schälen und in Scheiben schneiden. Sellerie schälen und würfeln. Lauch waschen und in Ringe schneiden. Gemüse zum Fleisch geben und weitere ca. 30 Minuten garen. Kartoffeln schälen und in Salzwasser 20–25 Minuten garen.

3 Für die Sauce saure Sahne mit Joghurt, Zitronensaft und Quark verrühren und mit Salz, Pfeffer und Zucker würzen. Kräuter waschen, trocken schütteln und fein hacken. Schalotte schälen, fein würfeln und mit den Kräutern unter die Sauce rühren. Tafelspitz mit Kartoffeln und grüner Sauce servieren.

Tacosalat mit Tatar

Für 6 Personen　**Zubereitungszeit 30 Min.**　**Garzeit 5 Min.**

1512 kJ | 361 kcal

1 Eisbergsalat
2 rote Zwiebeln
400 g Tomaten
1 Dose Kidneybohnen
　(255 g Abtropfgewicht)
1 Dose Mais (285 g Abtropf-
　gewicht)
2 rote Chilischoten
4 TL Sonnenblumenöl
500 g Tatar
Salz
1/2 TL Chilipulver
1/4 TL Kreuzkümmel
80 g Tortillachips
80 g Manchego
1 unbehandelte Limette
150 ml Gemüsebrühe
　(1/2 TL Instantpulver)
1 TL Honig
1 EL gehackter Koriander
einige Tropfen Tabasco

1 Salat waschen, trocken schleudern und in mundgerechte Stücke zerteilen. Zwiebeln schälen und in Streifen schneiden. Tomaten waschen und würfeln. Kidneybohnen abspülen und mit Mais abtropfen lassen. Chilischoten waschen, entkernen und in Ringe schneiden.

2 2 TL Öl in einer Pfanne auf mittlerer Stufe erhitzen und Tatar darin krümelig braten. Mit Salz, Chilipulver und Kreuzkümmel würzen und Tatar zur Seite stellen. Tortillachips zerdrücken und Manchego grob raspeln.

3 Für das Dressing Limettenschale abreiben und Limette auspressen. Brühe mit Limettensaft, restlichem Öl und 1/4 TL Limettenschale verrühren. Mit Honig und Koriander verfeinern, mit Salz und Tabasco kräftig würzen. Salatzutaten vermischen, mit Dressing beträufeln und Tacosalat servieren.

So schmeckt's auch
Statt Manchego kannst du auch Parmesan verwenden.

One Pot Pasta mit Hähnchen

Für 2 Personen   Zubereitungszeit 20 Min.   Garzeit 25 Min.

2397 kJ | 573 kcal

150 g Blattspinat
  (ersatzweise TK-Spinat)
300 g Hähnchenbrustfilet
2 Schalotten
1 Zucchini
250 g Champignons
1 Knoblauchzehe
2 TL Olivenöl
Salz, Pfeffer
400 ml Gemüsebrühe
  (2 TL Instantpulver)
120 g trockene Penne
400 g stückige Tomaten
  (Konserve)
1 TL gehackter Oregano
1 TL gehackter Rosmarin
1 EL gehacktes Basilikum
2 EL geriebener Parmesan

1 Spinat waschen und trocken schleudern. TK-Spinat gegebenenfalls auftauen lassen. Hähnchenbrustfilet trocken tupfen und in Streifen schneiden. Schalotten schälen und würfeln. Zucchini waschen, Champignons trocken abreiben und beides in Scheiben schneiden. Knoblauch hacken.

2 Öl in einem Topf auf hoher Stufe erhitzen, Hähnchen darin ca. 5 Minuten anbraten und mit Salz und Pfeffer würzen. Schalotten, Knoblauch, Zucchini und Champignons hinzufügen und auf mittlerer Stufe ca. 5 Minuten mitbraten.

3 Spinat zufügen und zusammenfallen lassen. Mit Brühe ablöschen, Nudeln, Tomaten, Oregano, Rosmarin und Basilikum dazugeben, mit Salz und Pfeffer würzen und 12–15 Minuten köcheln lassen. One Pot Pasta mit Parmesan bestreut servieren.

Corinnas Tipp

Diese One Pot Pasta schmeckt nach Urlaub!
Bleibt etwas übrig, kann man sich die Reste am
nächsten Tag super mit zur Arbeit nehmen.

„Onepotst" du schon?

Der Trend „One Pot" wurde von der US-Fernsehköchin
Martha Stewart erfunden. Die einfachen Rezepte aus
nur einem Topf sind ebenso abwechslungsreich wie
zeitsparend.

Linsen-Gemüse-Bowl mit Ei

Für 2 Personen   **Zubereitungszeit 20 Min.**   **Garzeit 10 Min.**

1412 kJ | 337 kcal

2 Eier (Größe M)
150 g Broccoli
Salz, Pfeffer
1 gelbe Paprika
1 Karotte
3 EL trockene rote Linsen
100 g Pflücksalatmischung
   (Kühltheke)
2 TL Tahin (Sesampaste)
3 TL Zitronensaft
2 EL Sojasauce
1 TL Honig
1 TL Sesamöl
3 EL Wasser
4 EL Gemüsesprossen

1 Eier in kochendem Wasser ca. 7 Minuten weich kochen, abschrecken, pellen und halbieren. Broccoli waschen, in kleine Röschen teilen und in kochendem Salzwasser 3–5 Minuten garen. Paprika waschen, entkernen und würfeln. Karotte schälen und grob raspeln.

2 Linsen nach Packungsanweisung garen. Salat waschen, trocken schleudern und auf 2 Schüsseln verteilen. Linsen, Paprika, Karotten, Broccoli und Eier jeweils separat darauf anrichten.

3 Für das Dressing Tahin, Zitronensaft, Sojasauce, Honig, Öl, Salz, Pfeffer und Wasser verrühren und über den Salat träufeln. Sprossen waschen und abtropfen lassen. Linsen-Gemüse-Bowl mit Sprossen bestreuen und servieren.

Es geht los:
Frauen sind in Deutschland auf dem Vormarsch

Deutschland wird Fußball-Weltmeister, „Energiesparen" und „Ölkrise" sind Modewörter und „Dalli Dalli" prägt das TV-Vorabendprogramm. Die 70er hatten es in sich, dafür sind dies nur drei Beispiele von vielen. Ein Jahrzehnt der Extreme in allen Belangen – so auch in Sachen Tischkultur. Da war es auch möglich, Fleisch mit Früchten zu kombinieren (siehe Seite 67 „Putenschnitzel Hawaii") oder Hack zum Braten zu erklären (siehe Seite 32 „Hackbraten auf Lauch-Senf-Gemüse mit Kräuter-Bratkartoffeln").

In einer Dekade der Emanzipation sind immer mehr Frauen berufstätig – das hat auch Konsequenzen für die Küche: Die Convenience-Ära beginnt. Derweil essen die Deutschen zu viel, zu fett und zu süß. Zugleich kommt es zu einer gegenläufigen Entwicklung: Vollkornprodukte und Vegetarisches gewinnen zunehmend Anhänger.

Das geht auch an WW nicht vorbei und wir produzieren zunehmend Inhalte, Rezepte sowie ganze Kochbücher mit genau diesem Fokus. Denn schließlich steht unser ganzheitliches Programm auch heute noch dafür, sich immer wieder neu zu erfinden und Teilnehmern alltagstauglich und ihrem Lifestyle entsprechend zur Seite zu stehen.

Neues Schönheitsideal

Immer mehr Frauen wollen schlank statt üppig sein – da liegen wir mit unserem Programm zum Start in 1970 voll im Trend. Das Unternehmen schwimmt auf der Erfolgswelle.

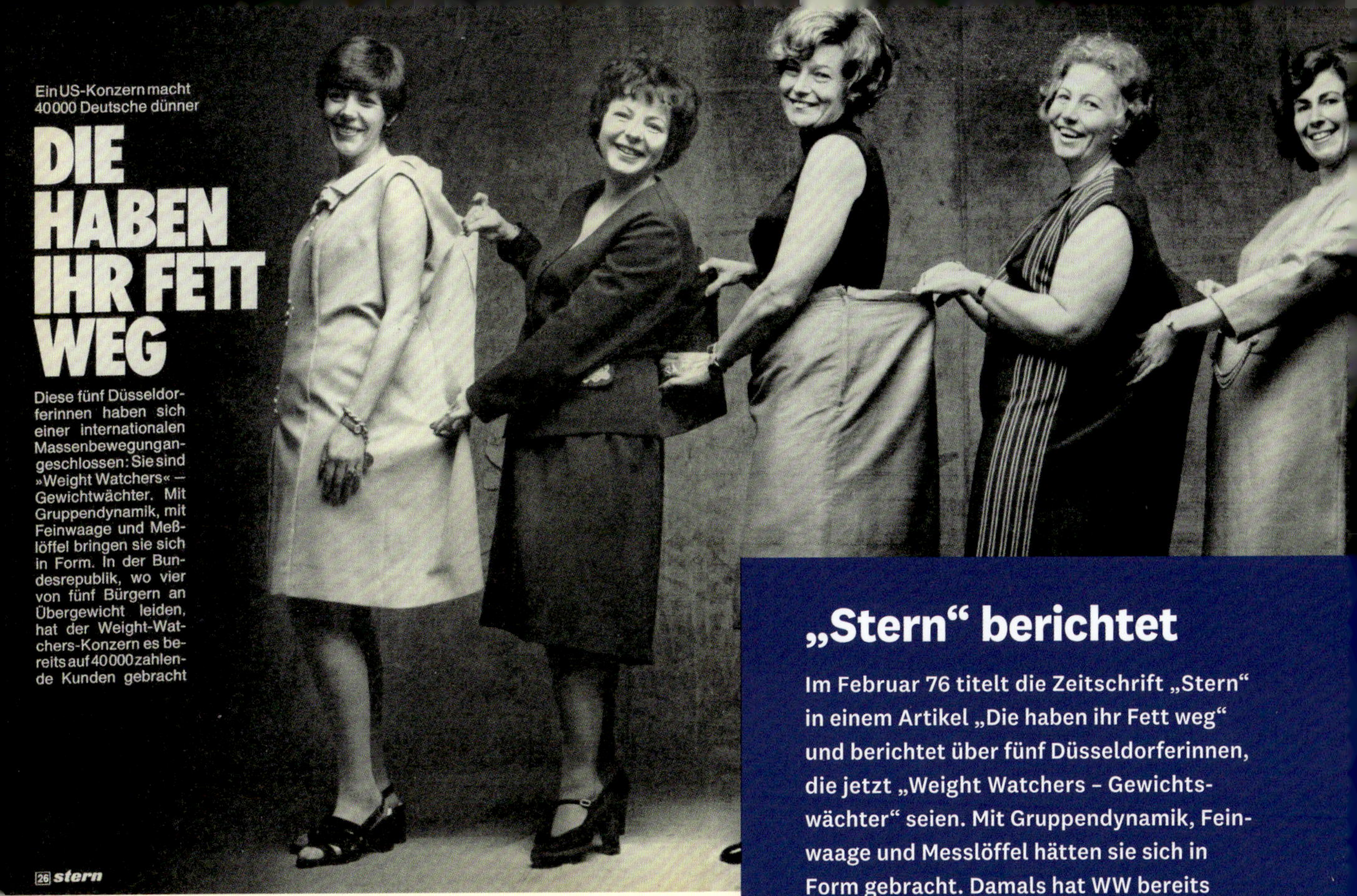
Ein US-Konzern macht 40000 Deutsche dünner

DIE HABEN IHR FETT WEG

Diese fünf Düsseldorferinnen haben sich einer internationalen Massenbewegung angeschlossen: Sie sind »Weight Watchers« – Gewichtwächter. Mit Gruppendynamik, mit Feinwaage und Meßlöffel bringen sie sich in Form. In der Bundesrepublik, wo vier von fünf Bürgern an Übergewicht leiden, hat der Weight-Watchers-Konzern es bereits auf 40000 zahlende Kunden gebracht

26 stern

„Stern" berichtet

Im Februar 76 titelt die Zeitschrift „Stern" in einem Artikel „Die haben ihr Fett weg" und berichtet über fünf Düsseldorferinnen, die jetzt „Weight Watchers – Gewichtswächter" seien. Mit Gruppendynamik, Feinwaage und Messlöffel hätten sie sich in Form gebracht. Damals hat WW bereits 40.000 Teilnehmer in Deutschland – und nach der Veröffentlichung noch eine Vielzahl mehr.

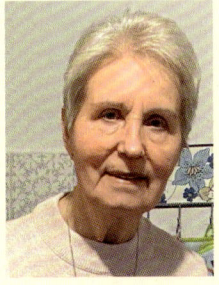

Erfolg der 70er:

Adele

Es ist ein Weilchen her, dass Adele zum ersten Mal mit WW abgenommen hat. „Ich war zunächst von 1976 bis 1980 im Programm", erinnert sich die heute 80-jährige. „Seither hat mich WW mein Leben lang begleitet." Die regelmäßigen Treffen, das Wiegen ... all das hat sie in guter Erinnerung. Und kochen? Ja, kochen tut sie auch heute noch für ihr Leben gern – aktuell auch mit dem großen meinWW™ Programm Kochbuch.

Damals in den 70ern aß sie am liebsten Forelle in allen Variationen – und viel Kuchen, am liebsten selbst gebackenen Hefe-Streuselkuchen. Ihr Zielgewicht von 1980 hält sie bis heute. Wie sie das macht? „Genauso, wie ich es damals gelernt habe", so Adele.

Abnehmen ohne Hungern!

Das ist zu dieser Zeit für die Menschen noch ganz neu. Zuvor waren Diät- und andere Kuren von bitteren Hungergefühlen begleitet. Mit dem WW Programm war damit Schluss. Im Lauf der Jahrzehnte wurden unseren Teilnehmern immer mehr Möglichkeiten eingeräumt, mit Genuss abzunehmen.

Heute kann alles gegessen werden, wenn die Menge passt. Das aktuelle Programm meinWW™ ist darüber hinaus auch in Sachen Vorlieben, Bewegung und Lifestyle so flexibel wie nie zuvor und damit unser bestes Programm aus 50 Jahren des gemeinsamen Erfolges. So lässt es sich noch einfacher abnehmen und zugleich genießen.

Kalter Hund

Für 16 Stücke   **Zubereitungszeit 25 Min.**   **Kühlzeit 3 Std. 10 Min.**

470 kJ | 112 kcal

100 g Halbfettmargarine
100 g Zartbitter-Kuvertüre
1 Vanilleschote
50 g Puderzucker
1 Prise Salz
2 EL Kakaopulver
140 g Butterkekse

1 Margarine mit Kuvertüre in einem Topf auf mittlerer Stufe schmelzen und ca. 10 Minuten abkühlen lassen. Vanilleschote längs aufschneiden und das Mark herauskratzen. Puderzucker, Salz und Kakaopulver vermischen und mit Margarine, Kuvertüre und Vanillemark verrühren.

2 Schokoladenmasse und Butterkekse abwechselnd in eine mit Backpapier ausgelegte Kastenform (Länge 25 cm) schichten, dabei mit Schokoladenmasse beginnen und abschließen. Kalten Hund ca. 3 Stunden kalt stellen und servieren.

Ein Rezept, viele Namen

„Kalter Hund" ist u. a. auch als Kalte Schnauze, Schwarzer Peter, Schwarzer Hund oder Kalter Igel bekannt.

Für Schokoholics

Wenn du Schokolade liebst, sind die WW Mini Bourbon Biscuits mit Kakaocreme für 1 SmartPoint pro Stück genau das Richtige für dich. Erhältlich im WW Studio oder auf wwshop.de.

Eiersalat im Glas

Für 4 Personen   **Zubereitungszeit 20 Min.**   **Garzeit 10 Min.**

743 kJ | 177 kcal

4 Eier (Größe M)
2 Frühlingszwiebeln
2 Scheiben gekochter Schinken
2 Gewürzgurken
1 EL Salatcreme, bis 10 % Fett
2 EL Magermilchjoghurt
1 TL Senf
1 EL Schnittlauchringe
1 TL Zitronensaft
Salz, Pfeffer
2 große Scheiben Vollkorntoast

1 Eier in kochendem Wasser 8–10 Minuten hart kochen, abschrecken, pellen und hacken. Frühlingszwiebeln waschen und in feine Ringe schneiden. Schinken in Streifen und Gewürzgurken in Scheiben schneiden.

2 Eier mit Frühlingszwiebeln, Gewürzgurken und Schinken vermischen und mit Salatcreme, Joghurt, Senf, Schnittlauch, Zitronensaft, Salz und Pfeffer verrühren.

3 Toast rösten und in Streifen schneiden. Eiersalat in Gläschen (Inhalt ca. 160 ml) füllen und mit Toast servieren.

Eierlaufen

Unser Eiersalat ist auch „to go" der Hit – z. B. fürs Büro oder zum Picknicken.

Schneller Snack

Probiere doch auch mal den leckeren WW Eiersalat mit Spargel und Champignons für nur 2 SmartPoints pro Portion. Erhältlich in allen gut sortierten Supermärkten oder auf wwshop.de.

Saltimbocca vom Schwein

Für 4 Personen   Zubereitungszeit 25 Min.   Garzeit 20 Min.

2324 kJ | 555 kcal

8 Schweineschnitzel (à 100 g)
8 Blätter Salbei
8 Scheiben roher Schinken
800 g festkochende Kartoffeln
Salz, grob gemahlener Pfeffer
1 kg Broccoli
1 EL Sonnenblumenöl
200 ml Gemüsebrühe
   (1 TL Instantpulver)
3 EL Frischkäse,
   bis 5 % Fett absolut
1 TL Speisestärke

1 Schweineschnitzel trocken tupfen und gegebenenfalls flacher klopfen. Salbei waschen und trocken schütteln. Schweineschnitzel mit Salbei und Schinken belegen, einrollen und mit Spießen feststecken. Kartoffeln schälen, vierteln und in Salzwasser ca. 20 Minuten garen. Broccoli waschen und in Röschen teilen. Broccoli in Salzwasser 10–12 Minuten garen.

2 Öl in einer Pfanne auf mittlerer Stufe erhitzen, Saltimbocca darin 7–8 Minuten rundherum braten, salzen, pfeffern und herausnehmen. Bratensatz mit Brühe ablöschen. Frischkäse mit Stärke verrühren, in der Brühe verrühren und aufkochen. Sauce mit Salz und Pfeffer abschmecken. Saltimbocca zur Sauce geben und erwärmen. Kartoffeln und Broccoli abgießen und mit Saltimbocca servieren.

Wusstest du, dass ...

„Salt' im bocca" von den Römern stammt? Der Begriff steht im römischen Dialekt für „Spring in den Mund".

Ofenlachs auf Zucchini in Zitronen-Senf-Marinade

Für 1 Person **Zubereitungszeit 15 Min.** **Garzeit 30 Min.** **Marinierzeit 5 Min.**

1789 kJ | 428 kcal

125 g Lachsfilet (frisch oder TK)
1 unbehandelte Zitrone
2 TL Olivenöl
1 TL gehackter Dill
2 TL Senf
1 TL Honig
Salz, Pfeffer
1 Zucchini

1 Backofen auf 160° C (Gas: Stufe 1, Umluft: 140° C) vorheizen. Lachsfilet abspülen und trocken tupfen, TK-Lachs gegebenenfalls auftauen lassen. Zitrone halbieren, 1 TL Zitronenschale abreiben und Zitronenhälfte auspressen. Restliche Zitronenhälfte in Scheiben schneiden.

2 Für die Marinade Öl mit Zitronensaft, -schale, Dill, Senf, Honig, Salz und Pfeffer verrühren. Lachsfilet und die Hälfte der Marinade in einen Gefrierbeutel geben, vorsichtig verkneten und im Kühlschrank ca. 5 Minuten marinieren. Zucchini waschen und in dünne Scheiben schneiden.

3 Zucchini mit restlicher Marinade mischen, in eine Auflaufform (ca. 15 x 25 cm) geben, Lachs samt Marinade darauf legen und mit Zitronenscheiben belegen. Lachs im Backofen auf mittlerer Schiene 25–30 Minuten garen. Ofenlachs auf Zucchini servieren.

Hähnchen mit geröstetem Kichererbsensalat

Für 2 Personen **Zubereitungszeit 20 Min.** **Garzeit 20 Min.** **Marinierzeit 15 Min.**

2003 kJ | 479 kcal

2 Hähnchenbrustfilets
  (à 120 g)
3 TL Olivenöl
1 TL Zaatar-Gewürz
Salz, Pfeffer
1 Dose Kichererbsen
  (265 g Abtropfgewicht)
1/2 TL geräuchertes
  Paprikapulver
1/2 TL Kreuzkümmel
1 Salatgurke
4 Frühlingszwiebeln
1 Granatapfel
1/2 Bund Koriander
1/2 Zitrone

1 Hähnchenbrustfilets trocken tupfen, mit 1 TL Öl, Zaatar, Salz und Pfeffer in einen Gefrierbeutel geben, gut verkneten und im Kühlschrank ca. 15 Minuten marinieren. Backofen auf 180° C (Gas: Stufe 2, Umluft: 160° C) vorheizen.

2 Kichererbsen abspülen, abtropfen lassen und mit Paprikapulver, Kreuzkümmel, Salz und Pfeffer vermischen. Kichererbsen auf einem mit Backpapier ausgelegten Backblech verteilen und im Backofen auf mittlerer Schiene ca. 20 Minuten backen, dabei gelegentlich durchrühren.

3 Gurke waschen und würfeln. Frühlingszwiebeln waschen und in Ringe schneiden. Granatapfel vierteln und die Kerne herauslösen. Koriander waschen, trocken schütteln und hacken. Zitronenhälfte auspressen.

4 Hähnchen abtropfen lassen. Eine Pfanne auf mittlerer Stufe erhitzen und Hähnchen darin 3–5 Minuten von jeder Seite braten. Kichererbsen mit Gurke, Frühlingszwiebeln, Koriander, restlichem Öl und Zitronensaft vermischen, mit Salz und Pfeffer abschmecken und mit Granatapfelkernen bestreuen. Hähnchen mit geröstetem Kichererbsensalat servieren.

Tipp aus der Küche

Zaatar bekommst du im türkischen Supermarkt. Du kannst dein Zaatar-Gewürz aber auch selbst herstellen, indem du getrockneten Thymian, Oregano, Sumach und Sesam vermischst.

Hackbraten auf Lauch-Senf-Gemüse mit Kräuter-Bratkartoffeln

Für 4 Personen   **Zubereitungszeit 30 Min.**   **Garzeit 60 Min.**

1875 kJ | 448 kcal

2 Zwiebeln
4 Stangen Lauch
800 g festkochende Kartoffeln
1 Bund Petersilie
600 g Tatar
1 EL Tomatenmark
1 Ei (Größe M)
Salz, Pfeffer
200 ml Gemüsebrühe
  (1 TL Instantpulver)
1 EL Senf
3 TL Olivenöl

1 Backofen auf 180° C (Gas: Stufe 2, Umluft: 160° C) vorheizen. Zwiebeln schälen und würfeln. Lauch waschen und in Ringe schneiden. Kartoffeln schälen und in Stifte schneiden. Petersilie waschen, trocken schütteln und hacken.

2 Tatar mit Tomatenmark, Zwiebeln und Ei vermengen und mit Salz und Pfeffer würzen. Brühe mit Senf verquirlen und mit Salz und Pfeffer würzen. Lauch in einer Auflaufform (ca. 28 x 32 cm) verteilen und Senfbrühe angießen.

3 Tatarmasse zu einem Laib formen, auf das Lauchgemüse geben und im Backofen auf mittlerer Schiene ca. 60 Minuten backen. Öl in einer Pfanne auf mittlerer Stufe erhitzen, Kartoffeln darin ca. 5 Minuten anbraten, mit Salz und Pfeffer würzen und mit Deckel unter gelegentlichem Rühren ca. 15 Minuten braten. Bratkartoffeln mit Petersilie verfeinern. Hackbraten auf Lauch-Senf-Gemüse mit Kräuter-Bratkartoffeln servieren.

Spargelcremesuppe

Für 4 Personen   Zubereitungszeit 20 Min.   Garzeit 35 Min.

551 kJ | 132 kcal

600 g weißer Spargel
1 Liter Wasser
Salz, Pfeffer
2 EL Halbfettmargarine
2 EL Mehl
6 EL Schmand
1 1/2 TL Zitronensaft
1 EL gehackte Petersilie

1 Spargel schälen, die holzigen Enden abschneiden und Spargel in Stücke schneiden. Schalen und Spargelenden mit Wasser und 1/2 TL Salz in einen Topf geben, auf mittlerer Stufe aufkochen und ca. 15 Minuten garen.

2 Schalen und Spargelenden herausnehmen, Spargelstücke zum Sud geben und 10–15 Minuten garen. Spargel abgießen und Kochwasser auffangen.

3 Margarine in einem Topf auf niedriger Stufe schmelzen. Mit Mehl bestäuben und nach und nach mit 850 ml heißem Spargelkochwasser unter Rühren ablöschen. Suppe mit Schmand verfeinern, Spargelstücke zufügen und mit Salz, Pfeffer und Zitronensaft abschmecken. Suppe mit Petersilie bestreut servieren.

Hallo Eighties!

Das ging schnell: 10 Jahre WW in Deutschland rauschten wie im Flug an uns vorbei. Die 80er wurden eingeläutet, und während Helmut Kohl sein Amt als Kanzler aufnahm und Madonna ebenso wie Michael Jackson oder Duran Duran die Charts stürmten, schritt nicht nur die digitale Welt voran, sondern auch alles rund um das Thema Abnehmen.

Was das Essen nicht regeln konnte, machte der Sport: Jogging und Aerobic waren jetzt angesagt. Zugleich galt: Durch die Entwicklung moderner Techniken im Betrieb und Haushalt wurde die körperliche Aktivität auch vielerorts weniger. Waschmaschinen, Staubsauger, Bügelmaschinen und dergleichen erleichterten in den 80ern die Hausarbeit und nahmen Sportmuffeln das letzte Quäntchen Bewegung.

Zudem verstärkten sich in dieser Dekade mit einer steigenden Zahl an Workaholics auch Leistungs- und Zeitdruck. Die Folge: Nährstoffarme Fertiggerichte etablierten sich, und wenn die Tiefkühltruhe leer war, boten Pizzaservices und Fast-Food-Ketten neue Alternativen.

Wieder einmal Zeit für uns bei WW, sich den neuen Herausforderungen zu stellen. Damals wie heute wurde viel in markt- und ernährungswissenschaftliche Forschung investiert. Nur so konnten wir Jahr für Jahr zeitgemäße Neuentwicklungen auf den Markt bringen und auch in diesem Jahrzehnt passende Rezepte entwickeln, die zum Zeitgeist und Lebensstil unserer Teilnehmer passten: zum Beispiel unsere „Mitternachtssuppe mit Tatar" (siehe Seite 59), „Szegediner Putengulasch" (siehe Seite 103) oder die schlanke Variante des zu dieser Zeit im Trend liegenden „Bananensplit" (siehe Seite 81).

Erfolg der 80er: Margarete

21 Jahre jung war Margarete, als sie 1982 erstmals einen WW Workshop besuchte. Trotz gemeisterter Ausbildung fühlte sie sich unwohl. Überflüssige Pfunde hielten sie ab, durchzustarten und ihr war klar: „Wenn ich abnehme, dann mache ich es richtig." Entsprechend gut war sie im WW Workshop aufgehoben, wo sie von Grund auf lernte, einen gesunden Lifestyle zu leben. 12 Kilo nahm sie so ab und fühlte sich wesentlich besser. „Ich habe erst mit WW richtig kochen gelernt", so Margarete. 2004 sah sie dann eine Stellenanzeige in der Westdeutschen Allgemeinen Zeitung (WAZ): „WW Coach gesucht!" Sie erinnert sich: „Ich wusste in dem Moment – die meinen mich!" Und tatsächlich: Sie bekam den Job und gibt seither ihre Erfahrungen weiter.

Triff Margarete in ihrem WW Studio in Gladbeck.

Auf die leichte Art

Gesund und leicht zu essen ist in den Eighties „in". Zur Unterstützung unserer Teilnehmer bieten wir jetzt auch in Deutschland die WW Lebensmittel an. Unter dem Markenzeichen „Weight Watchers Genießerplan" werden 36 verschiedene, kalorienreduzierte Lebensmittel in acht Produktgruppen eingeführt, die über die Rezepte, Tipps und Tricks des Programms hinaus noch zusätzlich dabei unterstützen sollen, im Plan zu bleiben.

Fertigmenüs, Margarine, Salatdressings, Feinkostsalate, Wurstwaren, Konfitüren, Milch- sowie Käseprodukte und auch Torten sind von nun an tiefgekühlt im Supermarkt erhältlich. Aus den USA kommen weitere „Light-Produkte" nach Europa.

Die fünf Bausteine des Erfolgsprogramms in den 80ern

1. Ernährungsprogramm
2. Bewegungsprogramm
3. Verhaltensplan
4. Gruppenunterstützung
5. Unterstützung durch Coachs

Weltweite Bilanz einer Dekade

Zum Ende dieses Jahrzehnts helfen in jeder Woche weltweit rund 45.000 WW Mitarbeiter mehr als 1.000.000 Teilnehmern in 25.000 Workshops abzunehmen oder ihr Zielgewicht zu halten.

Gyrossuppe

Für 4 Personen   Zubereitungszeit 20 Min.   Garzeit 25 Min.   Marinierzeit 10 Min.

1092 kJ | 261 kcal

400 g Schweineschnitzel
1 Knoblauchzehe
2 TL Olivenöl
2 TL Gyrosgewürz
Salz, Pfeffer
2 Zwiebeln
je 2 gelbe und grüne Paprika
400 g stückige Tomaten
(Konserve)
600 ml Gemüsebrühe
(2 1/2 TL Instantpulver)
1 TL Chilipulver
1 TL Senf
2 EL gehackter Oregano
60 g Frischkäse,
bis 5 % Fett absolut

1 Schweineschnitzel trocken tupfen und in Streifen schneiden. Knoblauch pressen, mit Schnitzeln, 1 TL Öl, Gyrosgewürz, Salz und Pfeffer in einen Gefrierbeutel geben, gut verkneten und im Kühlschrank ca. 10 Minuten marinieren.

2 Zwiebeln schälen und in Streifen schneiden. Paprika waschen, entkernen und in Streifen schneiden. Restliches Öl in einem Topf auf mittlerer Stufe erhitzen und Schweineschnitzel samt Marinade darin ca. 3 Minuten anbraten. Zwiebeln dazugeben und ca. 3 Minuten mitbraten. Paprika dazugeben und weitere ca. 5 Minuten braten.

3 Mit Tomaten und Brühe ablöschen, mit Chilipulver, Salz und Pfeffer würzen und mit Senf und Oregano verfeinern. Gyrossuppe ca. 15 Minuten köcheln lassen und mit Frischkäse garniert servieren.

Crème-Brûlée-Tarte

Für 12 Stücke   **Zubereitungszeit 30 Min.**   **Garzeit 75 Min.**   **Kühlzeit 70 Min.**

623 kJ | 149 kcal

**1 Packung fettreduzierter
  Blätterteig (275 g)**
500 ml entrahmte Milch
6 Eier (Größe M)
1 TL Zitronensaft
20 g Zucker
1 Orange
1 Vanilleschote
8 Blätter Minze

1 Backofen auf 160° C (Gas: Stufe 1, Umluft: 140° C) vorheizen. Blätterteig entrollen und eine mit Backpapier ausgelegte Tarteform (Ø 26 cm) damit auskleiden, dabei einen ca. 2 cm hohen Rand formen und überschüssigen Teig abschneiden.

2 Für die Creme Milch, Eier und Zitronensaft verrühren und mit 1 TL Zucker verfeinern. Creme auf den Blätterteigboden gießen, im Backofen auf unterster Schiene ca. 60 Minuten backen, auskühlen lassen und ca. 60 Minuten kalt stellen. Restlichen Blätterteig in Streifen schneiden, auf ein mit Backpapier ausgelegtes Backblech legen, im Backofen auf mittlerer Schiene 10–15 Minuten backen und ca. 10 Minuten auskühlen lassen.

3 Orange schälen und filetieren. Vanilleschote längs aufschneiden und das Mark herauskratzen. Orangenfilets mit Vanillemark verrühren und kurz ziehen lassen. Kuchen mit restlichem Zucker bestreuen und mit einem Gasbrenner zu einer Kruste karamellisieren. Minze waschen und trocken schütteln. Crème-Brûlée-Tarte mit Orangenfilets, Minze und Blätterteigstreifen garnieren und sofort servieren.

Falafeln mit Salat und Joghurtdressing

Für 2 Personen   **Zubereitungszeit 15 Min.**   **Garzeit 10 Min.**

1468 kJ | 350 kcal

200 g Pflücksalatmischung (Kühltheke)
150 g Cocktailtomaten
2 Stängel Petersilie
2 Stängel Minze
100 g Magermilchjoghurt
1 TL Zitronensaft
Salz, Pfeffer
1 Dose Kichererbsen (265 g Abtropfgewicht)
1 Ei (Größe M)
3 EL Paniermehl
1/2 TL Kreuzkümmel
1 TL Rapsöl

1 Salat waschen und trocken schleudern. Tomaten waschen und halbieren. Petersilie und Minze waschen, trocken schütteln und hacken. Für das Dressing Joghurt mit Petersilie, Minze, Zitronensaft, Salz und Pfeffer verrühren.

2 Kichererbsen abspülen, abtropfen lassen und mit Ei, Paniermehl, Salz, Pfeffer und Kreuzkümmel pürieren. Aus der Masse 8 Taler formen.

3 Öl in einer Pfanne auf mittlerer Stufe erhitzen und Falafeltaler darin 4–5 Minuten von jeder Seite braten. Salat mit Tomaten und Dressing vermischen und Falafeln mit Salat servieren.

Corinnas Tipp

Ich wollte schon immer mal Falafel machen und mit diesem Rezept lassen sie sich mühelos zubereiten. Mir schmecken sie frisch aus der Pfanne am besten. Das Joghurt-Minz-Dressing bringt genau die richtige Frische hinein und rundet alles ab. Als Mahlzeit für unterwegs oder für Partys kannst du Falafeln und Salat super in ein Wrap wickeln und hast tolles Fingerfood.

Herkunft unbekannt

Historiker vermuten, dass Falafeln entweder in Ägypten, im Libanon oder in Palästina entstanden sind. Fest steht, dass die frittierten Bällchen aus pürierten Bohnen oder Kichererbsen der arabischen Küche zugehörig sind und einfach verdammt gut schmecken. In unserem leckeren Rezept findest du die Zubereitung auf die leichte Art.

Corinnas Tipp

Ich liebe den Heringssalat. Zusammen mit den anderen Fischsalaten hat man einen tollen Blickfang auf Buffet oder Tafel. In verschiedenfarbigen Vintage-Schalen angerichtet, ergibt sich auf dem Tisch ein wunderbar farbenfrohes Bild. Und wenn es mal mehr sein darf: Mit ein paar Pellkartoffeln dazu, wird aus einer Kleinigkeit ganz schnell eine sättigende Mahlzeit.

Sardellensalat

Für 4 Personen   **Zubereitungszeit 10 Min.**

    272 kJ | 65 kcal

4 Sardellenfilets in Öl abtropfen lassen und hacken. **1 Schalotte** schälen und würfeln. **1/2 Salatgurke** waschen und würfeln. **180 g Frischkäse, bis 5 % Fett absolut**, mit Sardellen, Schalotten, Gurken, **2 TL Zitronensaft** und **1 EL Schnittlauchringen** verrühren und mit **Pfeffer** abschmecken. Sardellensalat servieren.

Heringssalat mit Apfel

Für 4 Personen   **Zubereitungszeit 10 Min.**

     920 kJ | 220 kcal

240 g Heringsfilets würfeln. **1 süßlichen Apfel** waschen, entkernen und mit **120 g vorgegarter, vakuumverpackter Rote Bete** in feine Streifen schneiden. **4 Gewürzgurken** in Scheiben schneiden. **4 EL Salatcreme, bis 10 % Fett** mit **4 EL Magermilchjoghurt**, **1 EL gehacktem Dill**, **Salz**, **Pfeffer** und **1 Prise Zucker** unterheben. Heringssalat servieren.

Krabbensalat

Für 4 Personen   **Zubereitungszeit 10 Min.**

     434 kJ | 104 kcal

250 g küchenfertige Nordseekrabben abspülen und trocken tupfen. **4 Blätter Kopfsalat** waschen, trocken schütteln und in feine Streifen schneiden. **4 EL Magermilchjoghurt** mit **50 g Crème légère**, **1 EL Tafelmeerrettich**, **1 EL gehackter Petersilie**, **Salz**, **Pfeffer**, **1 TL abgeriebener unbehandelter Limettenschale** und **1 Prise Zucker** verrühren und mit Krabben und Salat mischen. Krabbensalat servieren.

Forellensalat

Für 4 Personen   **Zubereitungszeit 10 Min.**

     611 kJ | 146 kcal

240 g geräucherte Forellenfilets würfeln. **2 Tomaten** waschen und würfeln. **4 Frühlingszwiebeln** waschen und in feine Ringe schneiden. Forellenfilets mit **180 g Frischkäse, bis 5 % Fett absolut**, **Tomaten**, Frühlingszwiebeln und **1 EL gehackter Petersilie** verrühren und mit **Salz** und **Pfeffer** würzen. Forellensalat servieren.

Wirsingrouladen

Für 4 Personen **Zubereitungszeit 40 Min.** **Garzeit 40 Min.**

1847 kJ | 441 kcal

1 Wirsing
Salz, Pfeffer
1 Brötchen
2 Zwiebeln
350 g Tatar
2 TL Senf
1 Prise Paprikapulver
1 TL Sonnenblumenöl
500 ml Gemüsebrühe
  (2 TL Instantpulver)
800 g festkochende
  Kartoffeln
250 ml fettarme Milch
1 Prise geriebene Muskatnuss
2 EL dunkler Saucenbinder

1 Wirsing putzen, in Blätter teilen und dicken Strunk flacher schneiden. Blätter in kochendem Salzwasser ca. 3 Minuten blanchieren und gut abtropfen lassen. Brötchen in lauwarmem Wasser einweichen und ausdrücken. Zwiebeln schälen und fein würfeln.

2 Tatar mit Senf, Brötchen und Zwiebeln mischen und mit Salz, Pfeffer und Paprikapulver kräftig würzen. Aus der Masse 8 Bällchen formen. Für 8 Rouladen jeweils 3–4 Wirsingblätter überlappend auslegen, Tatarbällchen darauflegen, Seiten einschlagen, aufrollen und mit Küchengarn umwickeln.

3 Öl in einem Bräter auf mittlerer Stufe erhitzen und Rouladen darin von allen Seiten anbraten. Mit Brühe ablöschen und ca. 25 Minuten schmoren. Kartoffeln schälen und in Salzwasser 20–25 Minuten garen.

4 Rouladen aus der Brühe nehmen und warm stellen. Milch zur Brühe geben, mit Salz, Pfeffer und Muskatnuss abschmecken und mit Saucenbinder andicken. Wirsingrouladen mit Salzkartoffeln, Sauce und nach Wunsch mit gehackter Petersilie garniert servieren.

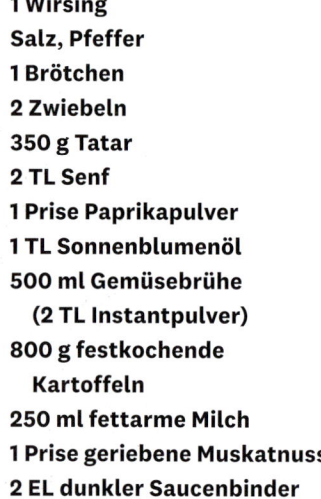

Corinnas Tipp

Ein leckeres Familienessen für das Wochenende, wenn es auch mal etwas aufwendiger sein darf. Rezepte mit Kohl verfeinere ich meist mit etwas Kümmel, dann finde ich ihn bekömmlicher.

Das schmeckt dazu

Restliche Wirsingblätter kannst du in Streifen schneiden, in etwas Brühe ca. 15 Minuten schmoren und zu den Rouladen servieren.

Nasi Goreng mit Schwein

Für 2 Personen   **Zubereitungszeit 20 Min.**   **Garzeit 25 Min.**

2236 kJ | 534 kcal

120 g trockener Langkornreis
Salz, Pfeffer
1 Gemüsezwiebel
200 g Mungobohnensprossen
1 Stange Staudensellerie
1 Stange Lauch
240 g Schweineschnitzel
2 TL Rapsöl
4 EL Sojasauce
1/4 TL Kurkuma
1 TL Paprikapulver
1/2 TL Curry
1 Msp. Kardamom
1 TL Limettensaft
1 TL rosa Pfefferbeeren
2 EL gehackter Koriander

1 Reis nach Packungsanweisung in Salzwasser garen. Zwiebel schälen und in Spalten schneiden. Sprossen, Sellerie und Lauch waschen. Sprossen abtropfen lassen. Sellerie in Scheiben und Lauch in Ringe schneiden. Schweineschnitzel trocken tupfen und in Streifen schneiden.

2 Öl in einem Wok auf mittlerer bis hoher Stufe erhitzen, Schnitzel darin 3–4 Minuten rundherum anbraten, salzen, pfeffern und herausnehmen. Zwiebeln, Sellerie und Lauch im Bratensatz 4–5 Minuten braten und mit Sojasauce ablöschen.

3 Sprossen unter das Gemüse heben, mit Kurkuma, Paprikapulver, Curry und Kardamom würzen und mit Limettensaft verfeinern. Schnitzel und Reis dazugeben und kurz erwärmen. Nasi Goreng mit Salz und Pfeffer abschmecken und mit Pfefferbeeren und Koriander garniert servieren.

Wenn der Name Programm ist

nasi ['naːsiː] (gekochter Reis), goreng ['gorɛŋ] (gebraten): Traditionell wird das Gericht als Rest vom Vortag in Indonesien oftmals schon morgens gegessen.

Linsensuppe mit Bulgurtopping

Für 4 Personen   Zubereitungszeit 25 Min.   Garzeit 30 Min.

1534 kJ | 367 kcal

**200 g mehligkochende
    Kartoffeln**
400 g Karotten
1 Zwiebel
1 rote Chilischote
1 Knoblauchzehe
1 TL Olivenöl
200 g trockene rote Linsen
**1,3 Liter vegane Gemüsebrühe
    (5 1/2 TL Instantpulver)**
Salz, Pfeffer
1 TL gemahlener Koriander
1/2 TL Kreuzkümmel
80 g trockener Bulgur
4 Tomaten
1/2 Bund Petersilie
1 EL Pinienkerne
1 EL Zitronensaft

1 Kartoffeln mit Karotten und Zwiebel schälen und würfeln. Chilischote waschen, entkernen und mit Knoblauch fein hacken. Öl in einem Topf auf mittlerer Stufe erhitzen und Kartoffeln mit Karotten, Zwiebeln, Chili und Knoblauch darin ca. 5 Minuten anbraten.

2 Linsen dazugeben und ca. 2 Minuten mitbraten. Mit Brühe ablöschen, mit Salz, Pfeffer, Koriander und Kreuzkümmel würzen und Suppe ca. 20 Minuten köcheln lassen.

3 Bulgur nach Packungsanweisung in Salzwasser garen. Tomaten waschen und würfeln. Petersilie waschen, trocken schütteln und hacken. Pinienkerne fettfrei in einer Pfanne auf mittlerer Stufe 2–3 Minuten rösten.

4 Suppe pürieren und mit Zitronensaft verfeinern. Bulgur mit Tomaten, Petersilie, Pinienkernen, Salz und Pfeffer vermischen und auf die Suppe geben. Linsensuppe mit Bulgurtopping servieren.

Mango-Chili-Burger

Für 2 Personen   Zubereitungszeit 40 Min.   Garzeit 10 Min.

1979 kJ | 473 kcal

1/2 rote Chilischote
1 kleine Mango
1 unbehandelte Limette
4 EL Frischkäse,
    bis 5 % Fett absolut
Salz, Pfeffer
1 Salatgurke
1 EL Weißweinessig
2 EL Apfelsaft
1 EL gehackter Koriander
3 TL Rapsöl
1 rote Zwiebel
200 g Tatar
2 Msp. Curry
2 Msp. gemahlener Koriander
4 Blätter Kopfsalat
2 kleine Hamburger-Brötchen
    mit Sesam

1 Für die Sauce Chilischote waschen, entkernen und fein würfeln. Mango schälen, das Fruchtfleisch vom Stein schneiden, eine Hälfte in Stücke und restliche Mango in dünne Spalten schneiden. 1 Msp. Limettenschale abreiben und Limette auspressen. Frischkäse mit Mangostücken und 3 TL Limettensaft pürieren, Chiliwürfel unterrühren und Sauce mit Salz abschmecken.

2 Für den Salat Gurke waschen und in dünne Scheiben schneiden. Für das Dressing Essig mit Apfelsaft, gehacktem Koriander und 1 TL Öl verquirlen. Gurken und Mangospalten mit Dressing vermischen und mit Salz und Pfeffer abschmecken.

3 Für die Burgerpatties Zwiebel schälen und würfeln. Tatar mit Curry, gemahlenem Koriander, Zwiebeln und Limettenschale verkneten, mit Salz würzen und zu 2 Patties formen. Restliches Öl in einer Pfanne auf mittlerer bis hoher Stufe erhitzen und Patties darin 3–4 Minuten von jeder Seite braten.

4 Salatblätter waschen und trocken tupfen. Hamburger-Brötchen aufschneiden, rösten und mit Sauce bestreichen. Untere Brötchenhälfte mit Salatblättern belegen, Patties daraufsetzen und mit oberer Brötchenhälfte abdecken. Mango-Chili-Burger mit Gurken-Mango-Salat servieren.

WW im Osten
– und was die 90er sonst noch zu bieten hatten

Was für eine Erfolgsstory! Auch nach 20 Jahren Wirkens war WW noch immer das Konzept für einen gesunden und genussvollen Lebensstil in Deutschland.

Wellness auf dem Vormarsch

Während die einen sich in diversen Talkshows, die jetzt Quote machen, selbst entblößen, suchen andere Selbstbesinnung und den Einklang von Körper und Geist. Fitnesszentren werden zu Wellness-Tempeln. Functional Food soll die Jugend verlängern und ein langes Leben garantieren. Trends, die wir bei WW ernst nehmen und für unsere Teilnehmer aktiv mitgestalten.

Das Programm, das ständig überarbeitet und den neuesten ernährungswissenschaftlichen, medizinischen sowie psychologischen Erkenntnissen angepasst wurde, berücksichtigte mittlerweile auch die Erfahrungen von Millionen Teilnehmern weltweit. Und das war nötig, denn nur so konnten wir aktuellen Anforderungen immer wieder ebenso erfolgreich wie in der Vergangenheit begegnen.

Das galt in den Neunzigern einmal mehr, als „Veränderung" nach dem Mauerfall in 1989 in Deutschland großgeschrieben wurde. Schon im August 1990 eröffneten wir in Schwerin den ersten ostdeutschen WW Workshop – mit 120 Interessenten. Weitere folgten in Magdeburg, Berlin-Köpenick, Rostock, Cottbus und Dresden. Derweil beschäftigt man sich im ganzen Land mit BSE, Schweinepest und Gammelfleisch im Kühlregal – diverse Lebensmittelskandale verderben den Deutschen den Appetit. Eine vegetarische Ernährung wird da einmal mehr zur echten Alternative – auch da im Zuge fortschreitender Globalisierung frisches Obst und Gemüse aus aller Herren Länder zu jeder Jahreszeit lieferbar werden. Gute Bedingungen für eine gesunde und ausgewogene Ernährung nach WW und Quelle für internationale WW Rezepte wie „Nasi Goreng mit Schwein" (siehe Seite 49), „Tacosalat mit Tatar" (siehe Seite 14) oder „Gyrossuppe" (siehe Seite 38).

WEIGHT WATCHERS
in Ost-Deutschland,
Abenteuer, Pioniergeist, Motivation

Wer hätte vor einem Jahr für möglich gehalten – den Fall der Mauer, den Zusammenschluß von Ost- und Westdeutschland und den Erfolg von WEIGHT WATCHERS in der Ex-DDR.

Die Ursachen dieses Erfolges wollte L.B. Buchanan Jr., Vize-Präsident WEIGHT WATCHERS international, persönlich bei seinem Besuch am 19. und 20. November 1990 in Berlin und Magdeburg auf den Grund gehen. Er fand einen kaum zu überbietenden Pioniergeist, die Bereitschaft zu neuen Erfahrungen und Abenteuern und eine ungeheure Motivation – sowohl bei den WEIGHT WATCHERS Mitarbeitern, als auch bei den neuen Mitgliedern.

Schon seit Jahren hatte die Zentrale in Düsseldorf viele Anfragen von Übergewichtigen aus der DDR erhalten. Nach der Öffnung der Mauer wurden die Hilferufe immer zahlreicher und dringender. Durch die Presse, durch Westfernsehen und durch Mund-zu-Mund-Propaganda durch erfolgreiche Verwandte ist WEIGHT WATCHERS bereits gut bekannt. Hinzu kommt die Tatsache, daß sich nahezu alle DDR-Bürger falsch ernährt haben. Sie nehmen 15 Prozent

30 Gruppen in fünf Monaten – eine imponierende Leistung. Und wenn man die Widrigkeiten bedenkt, mit denen WEIGHT WATCHERS im östlichen Teil Deutschlands zu kämpfen hat, so wird der Pioniergeist und das unternehmerische Handeln deutlich. Alle Gruppenstunden müssen im Augenblick von West-Deutschland aus geplant und organisiert werden. Und wer die Entfernungen und Straßenverhältnisse kennt, weiß, was das bedeutet. Als Beispiel für alle mag die Gebietsleiterin von Hannover, Frau Glawe, mit ihrer Gruppenleiterin Frau Knigge dienen. Sie fährt um 14.00 Uhr in Hannover los, ist um ca.

Übergewicht in der ehemaligen DDR

Viele DDR-Bürger hatten sich falsch ernährt – sie nahmen damals 15 Prozent mehr Kohlenhydrate, 20 Prozent mehr Proteine und 60 Prozent mehr Fett zu sich als es die World Health Organization empfahl. Schon vor 1989 hatte die WW Zentrale in Düsseldorf daher viele Anfragen von Übergewichtigen aus der DDR erhalten. Nach dem Mauerfall wurden die Hilferufe immer zahlreicher. Es gab ein ganz neues Einzugsgebiet und einmal mehr die Möglichkeit, Menschen zu einem gesunden Lebensstil zu verhelfen.

Das erste WW Magazin

für Teilnehmer erscheint im April 1992. Titelthema: „Sogenannte Wunderdiäten. Abnehmen um welchen Preis?" Im Editorial heißt es: „Diese Zeitschrift soll Sie von nun an viermal im Jahr mit Informationen aus den Bereichen Gesundheit, insbesondere gesunde Ernährung und Fitness, sowie dem Umfeld von WW auf dem Laufenden halten." Zusätzlich diente das Blatt als Plattform für einen regen Ideenaustausch. Durch Beiträge und Zuschriften sollten sich Teilnehmer am Kommunikationsfluss der Zeitschrift beteiligen. 50 Jahre später hat sich das nicht geändert! Das Magazin erscheint alle 2 Monate im Studio und Zeitschriftenhandel. Es kann auch online unter wwshop.de bestellt werden.

Erfolg der 90er:
Nicoletta

Abwiegen und tägliche Bewegung, das gehört zu den täglichen Routinen von Nicoletta. Die meisten Einkäufe erledigt sie zu Fuß oder im Sommer per Fahrrad. In der Küche lässt sie sich von den WW Rezepten inspirieren und ändert das eine oder andere schon mal ab, ganz „Freestyle" eben. Schließlich befinden sich in ihrem Vorrat grundsätzlich genügend gesunde und leichte Lebensmittel, aus denen sie viel zaubern kann, z. B. „Lachs mit Apfelfruchtsauce und Reis" oder „Schüttelpommes".

Nicolettas Auszeit: „Im Urlaub nehme ich meist etwas zu. Weil ich das weiß und das Schlemmen auf Reisen genieße, läuft zu Hause sogleich alles wieder nach Plan. So muss ich mir nichts vorwerfen und freue mich umso mehr auf den Urlaub.

Sauerkrauteintopf mit Kasseler

Für 2 Personen **Zubereitungszeit 15 Min.** **Garzeit 35 Min.**

2270 kJ | 542 kcal

400 g mehligkochende Kartoffeln
1 Bund Suppengemüse
1 Zwiebel
1 TL Rapsöl
700 ml Gemüsebrühe
   (3 TL Instantpulver)
1 EL Senf
180 g Kasselerfleisch,
   gepökelt, roh
1 Dose Sauerkraut
   (520 g Abtropfgewicht)
1/2 TL Kümmel
150 g saure Sahne
Salz, Pfeffer
2 EL gehackte Petersilie

1 Kartoffeln, Sellerie, Karotte und Zwiebel schälen und würfeln. Lauch waschen und in Ringe schneiden. Öl in einem Topf auf mittlerer Stufe erhitzen und Kartoffeln, Sellerie, Karotte, Lauch und Zwiebeln darin ca. 5 Minuten andünsten. Mit Brühe ablöschen, Senf einrühren, mit Deckel ca. 15 Minuten garen und pürieren.

2 Kasseler trocken tupfen und in Würfel schneiden. Sauerkraut abtropfen lassen, mit Kasseler und Kümmel zum Eintopf geben und mit Deckel 10–12 Minuten köcheln lassen. Eintopf mit saurer Sahne verfeinern. Sauerkrauteintopf mit Salz und Pfeffer abschmecken und mit Petersilie bestreut servieren.

Corinnas Tipp

Der Sauerkrauteintopf ist echt lecker und macht satt. Am meisten liebe ich an Eintöpfen, dass sie am nächsten Tag noch besser schmecken und sich deshalb prima am Vortag vorbereiten lassen.

Mitternachtssuppe mit Tatar

Für 4 Personen   **Zubereitungszeit 15 Min.**   **Garzeit 25 Min.**

1107 kJ | 265 kcal

1 Stange Lauch
1 rote Chilischote
2 Knoblauchzehen
1 Dose Sauerkraut
   (285 g Abtropfgewicht)
1 TL Olivenöl
240 g Tatar
2 EL Sojasauce
250 g Kichererbsen (Konserve)
400 g stückige Tomaten
   (Konserve)
500 ml Tomatensaft
2 EL Tomatenmark
1 Liter Wasser
1/2 Bund Petersilie
Salz
einige Tropfen Tabasco
1 Prise Zucker

1 Lauch und Chilischote waschen, Chilischote entkernen und beides in feine Ringe schneiden. Knoblauch fein würfeln. Sauerkraut abtropfen lassen. Öl in einem Topf auf mittlerer Stufe erhitzen und Tatar darin krümelig anbraten. Knoblauch und Chili zugeben und mitbraten. Sauerkraut und Sojasauce hinzufügen und ca. 10 Minuten dünsten.

2 Kichererbsen abspülen und abtropfen lassen. Lauch, Tomaten, Tomatensaft und Kichererbsen hinzugeben. Tomatenmark einrühren, mit Wasser auffüllen und ca. 10 Minuten köcheln lassen. Petersilie waschen, trocken schütteln, hacken und unterheben. Mit Salz, Tabasco und Zucker würzen und Mitternachtssuppe servieren.

Später Happen

Feiern konnte man in den 80ern. Kein Wunder, dass genau in diesem Jahrzehnt die sogenannten Mitternachtssuppen angesagt waren. Man aß sie zu Anlässen wie Geburtstagen oder Silvester – eben immer dann, wenn bis in die Nacht oder den frühen Morgen gefeiert wurde.

Schnelle Erdbeermousse

Für 4 Personen   **Zubereitungszeit 15 Min.**

366 kJ | 87 kcal

1 Vanilleschote
200 g Erdbeeren
400 g Skyr, Natur
1 TL Zucker
75 ml Cremefine
   zum Aufschlagen

1 Vanilleschote längs aufschneiden und das Mark herauskratzen. Erdbeeren waschen und trocken tupfen. Ein Viertel der Erdbeeren würfeln. Restliche Erdbeeren pürieren und durch ein Sieb streichen. Erdbeerpüree mit Vanillemark und Skyr verrühren und mit Zucker verfeinern.

2 Cremefine steif schlagen und unter die Creme heben. Erdbeermousse mit Erdbeerwürfeln garniert servieren.

Corinnas Tipp

Eine kleine süße Verführung! Ich liebe Desserts mit Obst, da es sich je nach Saison und Verfügbarkeit super durch andere Sorten austauschen lässt. Die Erdbeermousse schmeckt z. B. auch lecker mit Heidelbeeren, Himbeeren oder gedünsteten pürierten Birnen.

Schnelle Zubereitung, toller Look

In transparenten Gläsern angerichtet ist unsere Erdbeermousse ein toller Hingucker für Gäste.

Indischer Hähnchenwrap

Für 2 Personen   Zubereitungszeit 20 Min.   Garzeit 5 Min.

1965 kJ | 470 kcal

160 g Hähnchenbrustfilet
Salz, Pfeffer
1 Prise Kreuzkümmel
2 TL Sonnenblumenöl
1/2 Eisbergsalat
2 rote Paprika
1 Banane
250 g fettarmer Joghurt
1/2 TL gemahlener Ingwer
1/2 TL gemahlener Koriander
2 kleine Tortillawraps

1 Hähnchenbrustfilet trocken tupfen, in Streifen schneiden und mit Salz, Pfeffer und Kreuzkümmel würzen. Öl in einer Pfanne auf mittlerer Stufe erhitzen und Hähnchen darin ca. 5 Minuten rundherum braten.

2 Salat waschen, trocken schleudern und in feine Streifen schneiden. Paprika waschen, entkernen und in Würfel schneiden. Banane schälen und in Scheiben schneiden. Joghurt mit Ingwer und Koriander verrühren, salzen und pfeffern.

3 Tortillawraps erwärmen, mit Joghurt bestreichen und mit Hähnchen, Salat, Paprika und Bananen belegen. Wrap aufrollen und die untere Hälfte mit Pergamentpapier fest umwickeln. Restliche Füllung mit restlichem Joghurt vermengen und indischen Hähnchenwrap damit servieren.

indisch = vielseitig

Sowohl die orientalische Küche wie auch westliche Einflüsse der ehemaligen Kolonialmächte finden sich in der indischen Küche wieder. Das macht sie so wahnsinnig vielfältig, was wohl auch durch die Größe des Landes sowie dessen Kultur- und Religionsgeschichte bedingt ist.

Extra spicy!

Mariniere das Fleisch doch in der würzigen WW Thai Marinade - das weckt das Fernweh. Erhältlich im WW Studio oder auf wwshop.de.

Miso-Ramen mit Kabeljau

Für 2 Personen   **Zubereitungszeit 25 Min.**   **Garzeit 25 Min.**

1711 kJ | 409 kcal

**1 großes Stück Ingwer
   (ca. 5 cm)**
2 Knoblauchzehen
1 Stängel Zitronengras
2 rote Zwiebeln
800 ml Fischfond (Glas)
400 ml Wasser
3 TL helle Misopaste
1 Broccoli
200 g Kabeljaufilet
Salz, Pfeffer
1/2 TL Chilipulver
**60 g trockene Ramen-Nudeln
   (ersatzweise Mie-Nudeln)**
2 Eier (Größe M)
1 Handvoll Sprossenmix

1 Ingwer schälen und mit Knoblauch in Scheiben schneiden. Zitronengras waschen und längs halbieren. Zwiebeln schälen und in Spalten schneiden. Für die Brühe Fond mit Wasser und Misopaste verrühren, mit Knoblauch, Ingwer, Zitronengras und Zwiebeln in einem Topf aufkochen und auf mittlerer Stufe mit Deckel ca. 10 Minuten köcheln lassen.

2 Broccoli waschen und in kleine Röschen teilen. Kabeljaufilet abspülen, trocken tupfen und in Stücke schneiden. Brühe durch ein Sieb gießen, dabei die Brühe auffangen, mit Salz, Pfeffer und Chilipulver würzen und erneut aufkochen. Broccoli und Kabeljau zur Brühe geben und auf niedriger Stufe mit Deckel ca. 5 Minuten gar ziehen lassen. Topf vom Herd nehmen und weitere ca. 10 Minuten ziehen lassen.

3 Nudeln nach Packungsanweisung in Salzwasser garen und abgießen. Eier in kochendem Wasser 6–7 Minuten weich kochen, abschrecken, pellen und halbieren. Sprossenmix waschen und abtropfen lassen. Nudeln auf 2 Schüsseln verteilen, mit Brühe samt Broccoli und Kabeljau übergießen, Eier darauf anrichten und mit Sprossenmix bestreuen. Miso-Ramen servieren.

Putenschnitzel Hawaii

Für 2 Personen   **Zubereitungszeit 20 Min.**   **Garzeit 20 Min.**

1969 kJ | 471 kcal

1 Fleischtomate
50 g Cheddar, 50 % Fett i. Tr.
1 Scheibe gekochter Schinken
2 Putenschnitzel (à 120 g)
1 TL Rapsöl
Salz, Pfeffer
2 kleine Scheiben Toast
2 Scheiben frische Ananas
1 Kopfsalat
125 g fettarmer Joghurt
2 EL Ketchup
1/2 TL Senf
1 EL gehackte Petersilie
2 EL Weißweinessig
1/2 TL Paprikapulver

1 Backofen auf 180° C (Gas: Stufe 2, Umluft: 160° C) vorheizen. Tomate waschen und in Scheiben schneiden. Cheddar reiben. Schinken halbieren. Putenschnitzel trocken tupfen. Öl in einer Pfanne auf mittlerer bis hoher Stufe erhitzen, Schnitzel darin 1–2 Minuten von jeder Seite anbraten und mit Salz und Pfeffer würzen.

2 Toastscheiben in eine Auflaufform (ca. 20 x 30 cm) legen und mit Schnitzeln, je 1 Tomatenscheibe, Schinken und Ananas belegen. Mit Cheddar bestreuen und im Backofen auf mittlerer Schiene ca. 15 Minuten überbacken.

3 Salat waschen, trocken schleudern und in mundgerechte Stücke zerteilen. Restliche Tomatenscheiben halbieren. Für das Dressing Joghurt, Ketchup, Senf, Petersilie, Essig Salz, Pfeffer und Paprikapulver verrühren. Salat mit Dressing und Tomaten vermischen. Putenschnitzel Hawaii mit Salat servieren.

Corinnas Tipp

Ein echter Klassiker. Mit frischen Kräutern und Gewürzen wie Thymian oder Curry lässt sich das Gericht leicht variieren. Der leckere Salat gibt zusätzlich Frische. Mein Tipp: für weniger Abwasch die Auflaufform mit Backpapier oder dem WW oven liner auslegen!

Statt Backpapier

Der praktische WW oven liner ist aus Silikon und kann mehrfach verwendet werden. Erhältlich im WW Studio oder auf wwshop.de.

Gefüllte Tomaten mit Waldorfsalat

Für 8 Stück   **Zubereitungszeit 30 Min.**

537 kJ | 128 kcal

8 Fleischtomaten
1 Knollensellerie (ca. 600 g)
1 süßlicher Apfel (z. B. Gala)
1/2 Zitrone
60 g Walnüsse
150 g Magermilchjoghurt
2 EL Salatcreme,
   bis 10 % Fett
Salz, Pfeffer
1 EL gehackte Petersilie

1 Tomaten waschen, Deckel abschneiden und Tomaten aushöhlen. Sellerie schälen und in feine Stifte schneiden. Apfel waschen, vierteln, entkernen und in feine Stifte schneiden. Zitronenhälfte auspressen und Zitronensaft mit Apfel und Sellerie vermischen. Walnüsse hacken.

2 Für das Dressing Joghurt mit Salatcreme, Salz und Pfeffer verrühren und mit Sellerie, Apfel und Walnüssen mischen. Waldorfsalat in die Tomaten füllen, mit Petersilie bestreuen und Deckel aufsetzen. Gefüllte Tomaten servieren.

Hähnchen-Melonen-Spieße mit pikantem Gurkensalat

Für 2 Personen   **Zubereitungszeit 25 Min.**   **Garzeit 10 Min.**

1000 kJ | 239 kcal

2 EL Limettensaft
1 EL Sojasauce
einige Tropfen Fischsauce
1 Msp. Chilipulver
1/2 TL Sambal Oelek
1 TL Honig
2 Salatgurken
200 g Wassermelonen-
fruchtfleisch
200 g Hähnchenbrustfilet
Salz, Pfeffer
1/2 TL Curry
1 TL Erdnussöl

1 Für das Dressing Limettensaft mit Sojasauce, Fischsauce, Chilipulver, Sambal Oelek und Honig verrühren. Gurken schälen und mit einem Sparschäler längs in dünne Streifen schneiden. Wassermelone würfeln. Hähnchenbrustfilet trocken tupfen und in Würfel schneiden.

2 Hähnchen mit Melone abwechselnd auf 6 Spieße reihen und mit Salz, Pfeffer und Curry würzen. Öl in einer Pfanne auf hoher Stufe erhitzen und Hähnchen-Melonen-Spieße darin 6–8 Minuten rundherum braten.

3 Gurken mit Dressing vermischen und Hähnchen-Melonen-Spieße mit pikantem Gurkensalat servieren.

YEAR 2000 – HERE W(W)E COME!

Was für ein Fest! Ein neues Jahrtausend zu feiern wiederfährt nun wirklich nicht jedem. Das war auch für uns bei WW ein Highlight und wieder einmal guter Grund sich weiterzuentwickeln und mit neuen Ideen durchzustarten. Denn noch immer war einer der wesentlichen Gründe für unseren Erfolg, dass wir uns nie auf Lorbeeren von gestern ausgeruht haben.

Zu dieser Zeit liefen Köche Talkmastern den Rang ab. Die Deutschen liebten es, Kochshows zu sehen, fühlten sich aber nicht unbedingt animiert, die aufwändigen Kreationen am heimischen Herd nachzukochen. Daran ließ sich etwas machen: Unsere Teilnehmer fanden Gefallen daran, Rezepte auszuprobieren und Gerichte auf die leichte Art neu zu entdecken, wie beispielsweise unsere „One Pot Pasta mit Hähnchen" (siehe Seite 17), den „Spargelflammkuchen mit Rucola und Erdbeerdressing" (siehe Seite 118) sowie „Bunte Caprese mit Basilikumcreme" (siehe Seite 96) – eine Vorspeise, die in dieser Zeit immer mehr Fans gewinnt.

Vom Partner zum Profi

In den Anfängen von WW gaben Coachs vor allem ihre eigenen Erfahrungen weiter. Das tun sie auch in den 2000ern noch, jedoch massiv erweitert um fundierte Kenntnisse über Coaching und Psychologie.

Erfolg der 00er:

Konni

Schon im Teenager-Alter war Konni übergewichtig. Weil ihre Leidenschaft für Chips und Schokolade stets stärker war als der Wille abzunehmen, brauchte es eine Weile, bis sie WW im Jahr 2001 für sich entdeckte. Abnehmen ohne Hungern oder auf Genuss verzichten zu müssen, das konnte sie sich gar nicht vorstellen. Vorbildlich führte sie ihr Tagebuch und hielt sich an die vorgeschriebenen Punkte. Es funktionierte! Mit jedem verlorenen Kilo wurden auch körperliche Beschwerden wie ihre Knieschmerzen weniger. Sie fing an Sport zu treiben, schlüpfte wieder in Kleider und fühlte sich schlussendlich mit einem Gewicht von 70 Kilo rundum wohl. Und Chips und Schokolade? Die gibt's auch heute noch – nur eben in Maßen.

Konnis Tipp: Beim Essen auswärts nicht auf Lieblingsgerichte verzichten. Einfach dem Koch ausrichten lassen, dass er z. B. weniger Sahne oder Käse verwenden soll.

SATT

Darf's ein bisschen viel mehr sein?

Die neuen SATTMACHER

Die ganze Wahrheit

Weight Watchers®

Im Lebensmittelhandel triumphiert damals teils billig über gut – der Preiskampf treibt viele Bauern auf die Barrikaden. Slow Food gewinnt in diesem Zuge an Popularität. Langsam (aber sicher) keimt der Trend auf, gut, sauber und fair einzukaufen. Die biologische Landwirtschaft gewinnt immer größeren Marktanteil. Terror, Krieg, Klimaerwärmung … das Jahr 2000 verspricht leider nicht nur Gutes. Umso wichtiger nehmen wir es, unseren Teilnehmern trotz aller Widrigkeiten neue Möglichkeiten zu bieten, in Balance zu bleiben und sich mit einem positiven Mindset für sich und ihre Umwelt stark zu machen.

Erfolg der 00er:

Corinna

Gefüllte Paprikaschoten, Fleischrouladen, Beerentorte – das sind die WW Lieblingsrezepte von Corinna. 2002 meldete sie sich bei WW an. 24 Kilo nahm die heute 48-jährige damals ab. Noch heute ist sie Teil von WW – „wegen des gesundheitlichen Aspekts", wie sie sagt. Zuvor war es vor allem ihre Motivation abzunehmen. Früher fühlte sie sich unwohl, war unsicher und kam schnell aus der Puste. „Zunächst war ich skeptisch, auch bezüglich der Workshops", erinnert sie sich. „Doch der Austausch tat mir gut, und weil ich bei WW satt wurde und genießen durfte, fiel es mir nicht einmal schwer."

Corinnas Rat: Saucen aus Suppengrün zubereiten – für garantiert leichten Genuss!

Coach mit Brief und Siegel

2008 wird die Kompetenz unserer Coachs einmal mehr untermauert. Seit diesem Jahr bietet WW die Möglichkeit, sich über die Industrie- und Handelskammer (IHK) als Fachfrau oder Fachmann für Ernährungs- und Gewichtsmanagement zertifizieren zu lassen – erneuter Beweis für die hohe Qualität der Ausbildung und die damit verbundene Kompetenz unserer WW Coachs.

Farfalle mit Schweinefilet in Zitronen-Spargel-Sauce

Für 2 Personen   **Zubereitungszeit 20 Min.**   **Garzeit 15 Min.**

1789 kJ | 428 kcal

1/2 unbehandelte Zitrone
500 g grüner Spargel
2 Zweige Thymian
250 g Schweinefilet
120 g trockene Farfalle
Salz, Pfeffer
1 TL Rapsöl
125 ml Gemüsebrühe
   (1/2 TL Instantpulver)

1 1 Msp. Zitronenschale abreiben und Zitronenhälfte auspressen. Spargel waschen, das untere Drittel schälen und Spargel in kleine Stücke schneiden. Thymian waschen, trocken schütteln und hacken. Schweinefilet trocken tupfen und in Streifen schneiden.

2 Nudeln nach Packungsanweisung in Salzwasser garen. Öl in einer Pfanne auf hoher Stufe erhitzen, Schweinefilet darin 3–4 Minuten rundherum braten und mit Salz und Pfeffer würzen.

3 Nudeln abgießen, mit Spargel unter das Schweinefilet heben, mit 1 EL Zitronensaft und Brühe ablöschen und 2–3 Minuten köcheln lassen. Farfalle mit Zitronenschale und Thymian verfeinern, mit Salz und Pfeffer abschmecken und servieren.

Loaded Fries mit Pulled Jackfruit

Für 4 Personen   Zubereitungszeit 30 Min.   Garzeit 45 Min.

1267 kJ | 303 kcal

800 g festkochende Kartoffeln
4 TL Olivenöl
Salz, Pfeffer
1 TL Paprikapulver
1 Zwiebel
1 Dose Jackfruit in Salzlake
**   (324 g Abtropfgewicht)**
2 Tomaten
2 Frühlingszwiebeln
1 kleiner Kopfsalat
100 ml Wasser
60 ml Barbecuesauce
12 eingelegte Jalapeñoringe
**   in Lake**
60 g geriebener Käse,
**   30 % Fett i. Tr.**
2 EL Weißweinessig

1 Backofen auf 200° C (Gas: Stufe 3, Umluft: 180° C) vorheizen. Kartoffeln schälen, in Stifte schneiden und mit 1 TL Öl, Salz, Pfeffer und Paprikapulver vermischen. Kartoffeln auf einem mit Backpapier ausgelegten Backblech verteilen und im Backofen auf mittlerer Schiene ca. 35 Minuten backen.

2 Zwiebel schälen und in feine Streifen schneiden. Jackfruit abtropfen lassen. Tomaten waschen und würfeln. Frühlingszwiebeln waschen und in Ringe schneiden. Salat waschen, trocken schütteln und in mundgerechte Stücke zerteilen.

3 1 TL Öl in einer Pfanne auf mittlerer Stufe erhitzen und Jackfruit mit Zwiebeln darin ca. 5 Minuten braten. Mit Wasser und Barbecuesauce ablöschen, ca. 5 Minuten köcheln lassen und mit Salz und Pfeffer abschmecken.

4 Jackfruit-Zwiebel-Mischung, Tomaten, die Hälfte Frühlingszwiebeln und Jalapeños auf den Pommes verteilen, mit Käse bestreuen und weitere 5–7 Minuten im Backofen backen. Salat mit restlichen Frühlingszwiebeln, restlichem Öl, Essig, Salz und Pfeffer mischen. Loaded Fries mit Pulled Jackfruit und Salat servieren.

Talentiertes Schwergewicht

Die Jackfruit ist die größte Frucht der Welt. Sie kann bis zu 40 Kilogramm auf die Waage bringen und ist unter Veganern und Vegetariern als Fleischersatz mit hohem Kalium- und Magnesiumgehalt beliebt.

Wurst-Lauch-Salat

Für 4 Personen (à 3 EL)   **Zubereitungszeit 20 Min.**   **Garzeit 5 Min.**

334 kJ | 80 kcal

50 g Lauch
Salz, Pfeffer
75 g Geflügelfleischwurst
100 g Birne
3 Stängel Majoran
1 TL Sahnemeerrettich
1 TL Honig
2 EL Weißweinessig
2 EL Gemüsebrühe
   (1 Prise Instantpulver)
1 TL Rapsöl

1 Lauch waschen, in dünne Ringe schneiden und in kochendem Salzwasser ca. 1 Minute vorgaren. Lauch abgießen, abschrecken und gut abtropfen lassen. Fleischwurst in Streifen schneiden. Birne waschen, vierteln, entkernen und würfeln. Majoran waschen, trocken schütteln und hacken.

2 Für das Dressing Meerrettich mit Honig, Essig, Majoran, Brühe und Öl verrühren und mit Salz und Pfeffer würzen. Lauch mit Fleischwurst, Birne und Dressing vermischen. Wurst-Lauch-Salat mit Salz und Pfeffer abschmecken und servieren.

Warmes Bananensplit

Für 1 Person   Zubereitungszeit 5 Min.   Garzeit 5 Min.

1213 kJ | 290 kcal

1 Banane
1 TL Honig
1 TL Zimt
170 g griechischer Joghurt,
    Natur, bis 0,2 % Fett
1 TL Kakao Nibs
1 TL Schokoladensauce
    (Fertigprodukt)

1 Backofen auf 180° C (Gas: Stufe 2, Umluft: 160° C) vorheizen. Banane schälen, auf ein mit Backpapier ausgelegtes Backblech legen, mit Honig bestreichen und im Backofen auf mittlerer Schiene ca. 4 Minuten erwärmen. Banane herausnehmen, der Länge nach halbieren und mit Zimt bestäuben.

2 Joghurt mit Kakao Nibs mischen. Banane auf Stracciatellajoghurt anrichten, mit Schokoladensauce beträufeln und Bananensplit sofort servieren.

So geht's auch
Du kannst die Banane auch in der Mikrowelle bei 800 Watt für ca. 1 Minute erwärmen.

Limo meets Icecream
Der Student David E. Strickler, der in einem Drugstore als Soda Jerk (Limonadenmischer) arbeitete, soll 1904 in Latrobe (Pennsylvania) den Eisbecher Bananensplit erfunden haben – in den 80ern auch bei uns in Deutschland Kult.

Saftige Pizzamuffins

Für 12 Stück   Zubereitungszeit 20 Min.   Garzeit 30 Min.

759 kJ | 181 kcal

1 Kugel fettreduzierter Mozzarella
1 rote Paprika
80 g fettreduzierte Salami
4 Eier (Größe M)
100 g passierte Tomaten
  (Konserve)
100 ml Buttermilch
3 EL Tomatenmark
4 TL Olivenöl
1 EL gehackter Oregano
1 EL Pizzagewürz
1 TL Salz
300 g Mehl
1 Päckchen Backpulver

1 Backofen auf 180° C (Gas: Stufe 2, Umluft: 160° C) vorheizen. Mozzarella trocken tupfen und würfeln. Paprika waschen, entkernen und mit Salami in Würfel schneiden.

2 Eier mit Tomaten und Buttermilch verquirlen und mit Tomatenmark, Öl, Oregano, Pizzagewürz und Salz verrühren. Mehl mit Backpulver mischen und unterrühren.

3 Paprika, Mozzarella und Salami unter den Teig heben und in 12 Silikon-Muffinformen füllen. Pizzamuffins im Backofen auf mittlerer Schiene 25–30 Minuten backen und servieren.

Corinnas Tipp

Die Pizzamuffins schmecken auch kalt ausgezeichnet und lassen sich so sehr gut als Snack für unterwegs mitnehmen.

Tomatensteak mit Thymianrosenkohl

Für 1 Person   **Zubereitungszeit 15 Min.**   **Garzeit 20 Min.**   **Einweichzeit 10 Min.**

2393 kJ | 572 kcal

2 getrocknete Tomaten ohne Öl
125 ml heiße Gemüsebrühe (1/2 TL Instantpulver)
300 g Rosenkohl
3 Zweige Thymian
250 ml Wasser
50 ml Apfelsaft
200 g Rinderhüftsteak
1 TL Rapsöl
Salz, Pfeffer
2 Scheiben Baguette

1 Tomaten ca. 10 Minuten in Brühe einweichen. Rosenkohl putzen und halbieren. Thymian waschen. Rosenkohl mit Thymian in einem Topf mit Wasser und Apfelsaft auf niedriger Stufe mit Deckel 8–10 Minuten schmoren lassen. Tomaten abtropfen lassen und in Streifen schneiden. Steak trocken tupfen.

2 Öl in einer Pfanne auf hoher Stufe erhitzen, Steak darin 3–5 Minuten von jeder Seite braten, salzen, pfeffern, herausnehmen und in Alufolie gewickelt ruhen lassen. Tomaten im Bratensatz auf mittlerer Stufe 2–3 Minuten braten.

3 Thymian entfernen und Rosenkohl mit Salz und Pfeffer abschmecken. Baguette rösten. Steak mit Tomatenstreifen bestreuen und mit Rosenkohl und Baguette servieren.

Grillgemüse-Wraps mit Hummus

Für 4 Personen   **Zubereitungszeit 35 Min.**   **Garzeit 20 Min.**

1137 kJ | 272 kcal

1/2 Bund Petersilie
1/2 Bund Basilikum
1 TL Olivenöl
50 ml vegane Gemüsebrühe
  (1/4 TL Instantpulver)
Salz, Pfeffer
1 Dose Kichererbsen
  (265 g Abtropfgewicht)
50 ml Wasser
1 EL Zitronensaft
1/2 TL Kreuzkümmel
1 rote Paprika
2 Zucchini
2 Portobellopilze
4 kleine Tortillawraps

1 Für das Kräuteröl Petersilie mit Basilikum waschen, trocken schütteln, grob hacken und mit Öl, Brühe, Salz und Pfeffer pürieren. Für den Hummus Kichererbsen abspülen, abtropfen lassen und mit Wasser, Zitronensaft, Salz, Pfeffer und Kreuzkümmel pürieren.

2 Paprika waschen, entkernen und in Stücke schneiden. Zucchini waschen und in Scheiben schneiden. Pilze trocken abreiben und in dicke Scheiben schneiden. Eine Grillpfanne auf mittlerer Stufe erhitzen und Gemüse darin fettfrei nacheinander 4–5 Minuten von jeder Seite grillen.

3 Tortillawraps nach Packungsanweisung erwärmen, mit Hummus bestreichen, mit Grillgemüse belegen, mit Kräuteröl beträufeln und Wraps aufrollen. Grillgemüse-Wraps servieren.

Pfirsich Melba

Für 4 Personen   **Zubereitungszeit 15 Min.**   **Garzeit 5 Min.**   **Kühlzeit 5 Min.**

841 kJ | 201 kcal

2 reife Pfirsiche
250 g Himbeeren
1 EL Puderzucker
200 ml Wasser
1 EL Zucker
4 Kugeln Vanilleeis (à 30 g)

1 Pfirsiche waschen, halbieren, Steine entfernen, Pfirsiche mit kochendem Wasser überbrühen und häuten. Himbeeren waschen, trocken tupfen, mit Puderzucker pürieren und durch ein Sieb passieren.

2 Wasser mit Zucker in einem Topf auf mittlerer Stufe aufkochen, Pfirsiche darin ca. 5 Minuten pochieren und ca. 5 Minuten abkühlen lassen. Pfirsiche mit Vanilleeis und Himbeersauce anrichten und Pfirsich Melba servieren.

Blitz-Tipp
Statt frischer Pfirsiche kannst du auch Pfirsiche aus der Konserve verwenden. So sparst du dir das häuten und pochieren. Achte jedoch darauf, dass die Konserve zuckerfrei ist.

(N)ICE TO KNOW
Die Eisspeise „Pfirsich Melba" soll vom französischen Meisterkoch Auguste Escoffier erfunden worden sein, um diese der australischen Sängerin Nellie Melba zu widmen, während sie 1892 bis 1893 am Londoner Royal Opera House gastierte.

Heiß in jeder Hinsicht:
Die 2010er

Christine Neubauer, Bärbel Schäfer, Steffi Jones ... ab 2010 wimmelte es nur so von prominenten Deutschen, die mit WW erfolgreich abnahmen. Während Motsi Mabuse, Sila Sahin und Ross Antony seit 2019 auch mit *meinWW™* Erfolge feiern, ist beispielsweise Robbie Williams derzeit international als Marken- und Wellnessbotschafter für WW im Einsatz.

Das laut Weltorganisation für Meteorologie (WMO) bislang heißeste Jahrzehnt der Menschheitsgeschichte brachte uns auch über die Zusammenarbeit mit all diesen Celebrities hinaus schon mal ins Schwitzen – war dieses Jahrzehnt doch geprägt von jeder Menge Programmneuheiten, TV-Highlights und Events. Und weil der Gebrauch von Smartphones und Tablets im Laufe der Dekade in den Gesellschaften vieler Länder üblich wird, erübrigt sich auch bei WW zunehmend die Notwendigkeit stationärer Computer. Die WW App ist das Tool, um das sich bei uns jetzt vieles dreht. Dazu gehören laufend verbesserte digitale Erlebnisse – mit einem ganzheitlichen Ansatz von Wellness und unter Anwendung neuester Technologien wie Spracherkennung Activity Tracking, Tools zur Stärkung unserer Community oder unser Barcodescanner, der nach 50 Jahren mit über 5.000 hinterlegten Lebensmitteln zum Einscannen im Supermarkt überzeugt.

In Sachen Ernährung setzt sich der grüne Trend in den 2010ern weiter durch. Pflanzliche Alternativen finden sich mittlerweile in jedem Supermarkt. Darauf stellen auch wir bei WW uns für unsere Teilnehmer ein: mit vegetarischen und veganen Produkten sowie Rezepten und auch hier in diesem Buch mit Gerichten wie „Falafeln mit Salat und Joghurtdressing" (siehe Seite 42), „Grillgemüse-Wraps mit Hummus" (siehe Seite 86) oder „Linsen-Gemüse-Bowl mit Ei" (siehe Seite 18).

Free your mind

Weil neben Ernährung und Bewegung auch ein positives Mindset eine immer wichtigere Rolle bei der Abnahme spielt, bieten wir bei WW auch in diesem Bereich Angebote, zum Beispiel im Rahmen unserer Kooperation mit Headspace, dem amerikanischen Online-Gesundheitsunternehmen, das sich auf Meditation spezialisiert hat. So finden sich in unserer App vielseitige Achtsamkeitsübungen, die die geistige und körperliche Gesundheit positiv beeinflussen können.

Erfolg der 10er: Tina

Seit ihrem 16. Lebensjahr kämpfte Tina mit Übergewicht und hatte schon unzählige Diäten ausprobiert, als sie in 2012 auf WW stieß – die in ihren Worten „einzige Ernährungsumstellung, die für mich realistisch durchführbar war". Keine Verbote, keine Einschränkungen im sozialen Leben – das war Tinas Ding. Als Kohlenhydrate-liebende Vegetarierin fand sie bei WW alles, was sie suchte – kein Jo-Jo-Effekt, keine Heißhungerattacken. Mit etwa 72 Kilo hält sie bis heute ihr Zielgewicht. Ihre WW Lieblingsrezepte sind u. a. „Pellkartoffeln mit Kräuterquark", „Gebackene Kürbisspalten" oder „Gemüse Wraps". „Und mit diesem Buch werden noch viele weitere folgen", ist sie sicher.

Tinas Erfolgsgarant: Eine gesunde Ernährung mit Ausdauersport kombinieren – macht Spaß und verschafft Budget für zusätzlichen Genuss.

Unser Verlag „founded by WW"

Was viele nicht wissen: WW ist auch Verleger seiner eigenen Kochbücher. Als globales Wellness-Unternehmen gehören wir zu den größten Kochbuchverlagen in Deutschland. Zuletzt überzeugte der Titel „100 Top Rezepte – Lieblingsrezepte der WW Community". Das Kochbuch bündelt die Lieblingsgerichte unserer WW Workshop- und Digital-Teilnehmer, der Coaches und Magazin-Leser sowie der Social-Media-Nutzer, die von unserer Community die meiste Aufmerksamkeit bekommen haben. Das Buch wurde 2019 zusammen mit allen weiteren Titeln, die derzeit im Handel erhältlich sind, auch auf der Frankfurter Buchmesse präsentiert. Grundsätzlich werden mit jedem neuen WW Programm auch neue Buchtitel herausgebracht, die somit immer auf dem neuesten Stand sind.

Weight Watchers wird WW

Im September 2018 wurde aus Weight Watchers WW. Unter dem neuen Namen wollen wir einmal mehr verdeutlichen, dass wir für unsere Teilnehmer weltweiter Partner in Sachen Wellness und gesunder Lebensstil sind. Wellness und Abnehmen – das geht für uns bei WW seit 50 Jahren Hand in Hand. Zur Umfirmierung gehört auch ein neuer Look. So ein Tapetenwechsel tut gut – das wissen nicht nur wir, sondern auch unsere Teilnehmer, die ihre Abnahme ebenso gerne mit neuer Kleidung oder einem neuen Haarschnitt krönen.

2010 WW Deutschland gründet einen eigenen Self-Publishing-Verlag.

2011 Das erste WW Kochbuch kommt auf den Markt.

2016 Das 1.000.000ste WW Kochbuch wird verkauft.

2019 Die WW Kochbücher werden erstmals auf der Frankfurter Buchmesse präsentiert.

2020 Der Verlag feiert 10 Jahre Erfolg mit mehr als 40 veröffentlichten Titeln und mehr als 1,8 Millionen verkauften Büchern.

Kartoffelpuffer mit Lachs-Schnittlauch-Creme

Für 2 Personen **Zubereitungszeit 25 Min.** **Garzeit 20 Min.**

2445 kJ | 584 kcal

350 g festkochende Kartoffeln
300 g Karotten
1 Ei (Größe M)
1 EL Mehl
Salz, Pfeffer
2 TL Olivenöl
150 g Feldsalat
1 Orange
1 EL heller Balsamicoessig
2 EL Gemüsebrühe
  (1 Prise Instantpulver)
1 Prise Zucker
4 Scheiben Räucherlachs
  (à 50 g)
125 g Magermilchjoghurt
3 EL Magerquark
1 EL Schnittlauchringe
1/2 TL Paprikapulver

1 Kartoffeln und Karotten schälen, beides fein raspeln, mit Ei und Mehl vermischen und mit Salz und Pfeffer würzen. 1 TL Öl in einer Pfanne auf mittlerer Stufe erhitzen, aus der Hälfte der Masse darin nacheinander 4 kleine Puffer backen, dabei ca. 5 Minuten von jeder Seite braten. Puffer im Backofen bei 60° C warm stellen und mit restlichem Öl 4 weitere Puffer braten.

2 Feldsalat waschen und trocken schleudern. Orange auspressen. Für das Dressing Orangensaft, Essig, Brühe und Zucker verrühren. Mit Salz und Pfeffer würzen und Dressing mit Salat mischen.

3 Räucherlachs in Streifen schneiden. Joghurt mit Quark und Schnittlauch verrühren, Lachs unterheben und mit Salz, Pfeffer und Paprikapulver würzen. Kartoffelpuffer mit Lachs-Schnittlauch-Creme und Salat servieren.

Kartoffel-Ei-Gratin mit Tomaten und Zucchini

Für 4 Personen   Zubereitungszeit 50 Min.   Garzeit 55 Min.

1806 kJ | 432 kcal

850 g festkochende Kartoffeln
Salz, Pfeffer
7 Eier (Größe M)
600 g Tomaten
1 Zwiebel
1 große Zucchini
1 TL Olivenöl
1 Knoblauchzehe
1 EL Mehl
150 ml Gemüsebrühe
**   (1/2 TL Instantpulver)**
150 ml entrahmte Milch
50 g geriebener Käse,
**   30 % Fett i. Tr.**

1   Kartoffeln waschen und mit Schale in Salzwasser 20–25 Minuten garen. Eier in kochendem Wasser 8–10 Minuten hart kochen, abschrecken, pellen und in Scheiben schneiden. Backofen auf 180° C (Gas: Stufe 2, Umluft: 160° C) vorheizen. Tomaten waschen und in Scheiben schneiden. Zwiebel schälen und fein würfeln. Zucchini waschen und in dünne Scheiben schneiden.

2   Kartoffeln abgießen, pellen und in Scheiben schneiden. Für die Sauce Öl in einem Topf auf mittlerer Stufe erhitzen, Zwiebeln darin ca. 2 Minuten andünsten, Knoblauch dazupressen und kurz mitdünsten. Mit Mehl bestäuben und kurz anschwitzen. Unter Rühren mit Brühe und Milch ablöschen, aufkochen und mit Salz und Pfeffer abschmecken.

3   Kartoffeln, Tomaten, Zucchini und Eier dachziegelartig in eine Auflaufform (ca. 20 x 30 cm) schichten, mit Salz und Pfeffer würzen, Sauce darübergießen und mit Käse bestreuen. Kartoffel-Ei-Gratin im Backofen auf mittlerer Schiene ca. 25 Minuten backen und servieren.

Bunte Caprese mit Basilikumcreme

Für 2 Personen   **Zubereitungszeit 20 Min.**   **Garzeit 10 Min.**

1514 kJ | 362 kcal

1 Bund Basilikum
1 EL heller Balsamicoessig
2 Knoblauchzehen
2 EL saure Sahne
2 EL geriebener Parmesan
Salz, Pfeffer
2 TL Sonnenblumenöl
2 Scheiben Roggenbrot
1/2 TL Meersalz
je 250 g gelbe und rote Tomaten
1 Kugel fettreduzierter Mozzarella

1 Backofen auf 200° C (Gas: Stufe 3, Umluft: 180° C) vorheizen. Basilikum waschen, trocken schütteln und einige Blätter beiseitestellen. Für die Basilikumcreme Essig, 1 Knoblauchzehe, saure Sahne, Parmesan und Basilikum pürieren und mit Salz und Pfeffer abschmecken.

2 Für das Knoblauchbrot restlichen Knoblauch pressen und mit Öl verrühren. Brot mit Knoblauchöl bestreichen, mit Meersalz bestreuen, auf einen Rost legen und im Backofen auf oberster Schiene 6–8 Minuten rösten. Tomaten waschen und in Scheiben schneiden.

3 Mozzarella trocken tupfen, halbieren und in feine Scheiben schneiden. Tomaten und Mozzarella fächerartig auf dem Knoblauchbrot anrichten, salzen und pfeffern. Restliche Tomaten- und Mozzarellascheiben zu kleinen Türmchen stapeln und mit Spießen fixieren. Bunte Caprese mit Basilikumcreme beträufeln, mit restlichem Basilikum garnieren und mit Capresetürmchen servieren.

Kürbisdal mit roten Linsen

Für 4 Personen **Zubereitungszeit 20 Min.** **Garzeit 50 Min.**

2249 kJ | 538 kcal

2 rote Zwiebeln
600 g Butternutkürbis
1 Stück Ingwer
   (ca. 3 cm)
1/4 Bund Koriander
1 TL Sonnenblumenöl
1 EL Curry
1 EL Tomatenmark
1,2 Liter vegane Gemüsebrühe
   (5 1/2 TL Instantpulver)
300 g trockene rote Linsen
240 g trockener Naturreis
Salz, Pfeffer
1/2 Limette
1 kleine rote Chilischote

1 Zwiebeln schälen, halbieren und in Streifen schneiden. Kürbis schälen, halbieren, Kerne mit einem Löffel entfernen und Kürbis in ca. 3 cm große Würfel schneiden. Ingwer schälen und reiben. Koriander waschen, trocken schütteln, Blätter abzupfen und Stiele fein hacken.

2 Öl in einem Topf auf mittlerer bis hoher Stufe erhitzen und Zwiebeln darin 6–8 Minuten andünsten. Kürbis, Curry, Tomatenmark und Ingwer dazugeben und weitere ca. 2 Minuten dünsten. Gemüse mit Brühe ablöschen, Linsen und Korianderstiele hinzufügen und mit Deckel 25–30 Minuten köcheln lassen.

3 Reis nach Packungsanweisung in Salzwasser garen. Limettenhälfte auspressen, Dal mit Limettensaft verfeinern und mit Salz und Pfeffer würzen. Dal ohne Deckel weitere 5–10 Minuten köcheln lassen. Chilischote waschen, entkernen und in feine Ringe schneiden. Kürbisdal mit Korianderblättern und Chili garnieren und mit Reis servieren.

Alleskönner

Dal kann sowohl als Hauptspeise oder Beilage eingesetzt werden. In Indien gibt es unzählige verschiedene Arten von Dals.

Lauchcremesuppe mit Krabben

Für 4 Personen   **Zubereitungszeit 15 Min.**   **Garzeit 30 Min.**

1111 kJ | 266 kcal

2 Stangen Lauch
1/2 TL Sonnenblumenöl
750 ml Gemüsebrühe
   (3 1/2 TL Instantpulver)
75 ml trockener Weißwein
30 g Schmelzkäse,
   20 % Fett. i. Tr.
3 Stängel Dill
100 g Crème légère
Salz, Pfeffer
1 Prise geriebene Muskatnuss
200 g küchenfertige Krabben
2 Roggenbrötchen

1 Lauch waschen und in Ringe schneiden. Öl in einem Topf auf mittlerer Stufe erhitzen und Lauch darin ca. 5 Minuten andünsten. Brühe und Weißwein angießen und ca. 20 Minuten köcheln lassen. Schmelzkäse einrühren und schmelzen lassen.

2 Dill waschen, trocken schütteln, hacken und mit Crème légère in die Suppe einrühren. Mit Salz, Pfeffer und Muskatnuss abschmecken. Krabben zur Suppe geben und erwärmen. Brötchen in Scheiben schneiden und mit Lauchcremesuppe servieren.

Corinnas Tipp

Die Zubereitung der Suppe ist unkompliziert und geht schnell. Die Kombination mit den Krabben macht das Ganze trotzdem raffiniert - ideal für Gäste!

Szegediner Putengulasch

Für 4 Personen **Zubereitungszeit 15 Min.** **Garzeit 40 Min.**

2181 kJ | 521 kcal

2 Zwiebeln
600 g Putenbrustfilet
1 Dose Sauerkraut
   (720 g Abtropfgewicht)
4 TL Rapsöl
4 EL Tomatenmark
Salz, Pfeffer
4 TL Paprikapulver
1 TL Kümmel
2 Lorbeerblätter
400 g passierte Tomaten
   (Konserve)
500 ml Gemüsebrühe
   (2 TL Instantpulver)
240 g trockene Spiralnudeln

1 Zwiebeln schälen und würfeln. Putenbrustfilet trocken tupfen und würfeln. Sauerkraut abtropfen lassen.

2 Öl in einer Pfanne auf mittlerer bis hoher Stufe erhitzen und Putenbrust darin ca. 5 Minuten rundherum anbraten. Zwiebeln und Tomatenmark dazugeben, weitere 3–4 Minuten braten und mit Salz, Pfeffer, Paprikapulver, Kümmel und Lorbeerblättern würzen.

3 Sauerkraut zum Fleisch geben, mit Tomaten und Brühe ablöschen und mit Deckel auf niedriger Stufe ca. 30 Minuten köcheln. Nudeln nach Packungsanweisung in Salzwasser garen und abgießen. Lorbeerblätter aus dem Gulasch entfernen. Putengulasch mit Salz und Pfeffer abschmecken und mit Nudeln servieren.

Waldfruchtéclairs mit Chocolate Mousse

Für 10 Stück **Zubereitungszeit 55 Min.** **Garzeit 25 Min.** **Kühlzeit 10 Min.**

407 kJ | 97 kcal

2 Packungen WW Chocolate Mousse
200 ml fettarme Milch
40 g Halbfettmargarine
150 ml Wasser
90 g Mehl
1 Prise Salz
2 Eier (Größe M)
200 g gemischte Beeren (z. B. Himbeeren, Johannisbeeren, Brombeeren)

1 Für die Füllung Chocolate Mousse nach Packungsanweisung mit Milch zubereiten. Backofen auf 200° C (Gas: Stufe 3, Umluft: 180° C) vorheizen.

2 Für den Brandteig Margarine mit Wasser in einem Topf auf hoher Stufe aufkochen. Mehl mit Salz dazugeben und so lange rühren, bis sich am Topfboden eine weiße Teigschicht bildet. Teig in eine Schüssel geben, 1 Ei unterkneten und kurz abkühlen lassen. Restliches Ei so lange unterkneten, bis der Teig zu glänzen beginnt.

3 Teig in einen Spritzbeutel mit großer Sterntülle geben und mit reichlich Abstand 10 ca. 10 cm lange Streifen auf ein mit Backpapier ausgelegtes Backblech spritzen. Éclairs im Backofen auf mittlerer Schiene 20–25 Minuten backen und ca. 10 Minuten auskühlen lassen.

4 Beeren waschen und trocken tupfen. Éclairs waagerecht halbieren und mit Chocolate Mousse bestreichen. Untere Hälften mit Beeren belegen und Deckel aufsetzen. Waldfruchtéclairs servieren.

Herzhafte Gorgonzola-Feigen-Ecken mit Serranoschinken

Für 8 Stück **Zubereitungszeit 15 Min.**

361 kJ | 86 kcal

4 kleine Scheiben Toast
40 g Gorgonzola,
   50 % Fett i. Tr.
100 g Frischkäse,
   bis 5 % Fett absolut
1 TL gehackter Thymian
Salz, Pfeffer
2 Feigen
4 Scheiben Serranoschinken

1 Toast rösten und abkühlen lassen. Für die Creme Gorgonzola mit einer Gabel zerdrücken, mit Frischkäse und Thymian verrühren und mit Salz und Pfeffer abschmecken.

2 Feigen waschen und in dünne Scheiben schneiden. Schinken in mundgerechte Stücke zerteilen.

3 Toast mit Gorgonzolacreme bestreichen, halbieren und mit Feigen und Schinken belegen. Gorgonzola-Feigen-Ecken servieren.

Gipfelstürmer

Der Begriff „Serrano" stammt aus dem Spanischen von „sierra", was für Gebirge steht. Ursprünglich reifte der Schinken, dessen Herstellungsverfahren geschützt ist, an der frischen Bergluft.

50 Jahre WW

WW Teilnehmer verraten ihre persönlichen Erfolgstipps.

Tanja, -27 kg
WW Workshop

„Hatte ich früher Gemüsereste, wanderten die oft in den Müll. Heute suche ich in der App gezielt nach Rezepten für etwas, das wegmuss, und verkoche dann die Reste."

Susanne, -21 kg
WW Workshop

„Mir hat es geholfen, mir kleine Ziele zu setzen. Nach meinen ersten zehn Kilo kamen weitere fünf dazu. Erst als ich diese Hürde geschafft hatte, nahm ich mir die nächsten fünf Kilo vor. So konnte ich schneller Erfolge feiern."

Tobias, -19 kg
WW Digital

„Selbst wenn die Waage mal wieder mehr anzeigt oder die Anzeige einfach nicht runtergeht: am Ball bleiben! Es geht immer irgendwie weiter und geht jedem so. In diesen Momenten hilft es, darauf zu schauen, was man bereits erreicht hat. Also, nicht den Kopf hängen lassen und weitermachen."

Britta, -25 kg
WW Workshop

„Ich nehme mir mein Essen mit zur Arbeit. Meistens koche ich so, dass es für mindestens zwei Tage reicht bzw. dass ich das Gericht am zweiten Tag noch etwas ‚strecken' kann, z.B. mit Gemüse oder Nudeln."

Daniela, -14 kg
WW Digital

„Die Community ist cool, wenn man zwischendurch mal ein paar motivierende Worte braucht oder einen Durchhänger hat – so wie ich nach dem letzten Urlaub. Da tut es gut zu sehen, dass andere auch mal kämpfen. Die vielen Posts mit Vorher-nachher-Fotos sorgen dann auch gleich wieder für den nächsten Motivationsschub."

Saskia, -16 kg
WW Workshop

„Gerade erst habe ich Gemüsenudeln entdeckt, Pasta aus Zucchini oder Möhren, ganz ohne Punkte. Mit einem elektrischen Spiralschneider kann man die im Handumdrehen zubereiten."

Scarlett, -21 kg
WW Digital

„Wenn man mal einen kleinen Stillstand hat: einfach die Erfolgsgeschichten lesen. Mich hat es immer sehr aufgebaut zu sehen, wie andere damit umgehen!"

Jane, -26 kg
WW Workshop

„Das Gewicht auf der Waage war für mich anfangs schon der Dreh- und Angelpunkt für meinen Wunsch abzunehmen. Doch das änderte sich schnell. Mir wurde es immer wichtiger, fit zu werden. Dieses Gefühl hat mich auch in den Phasen getragen, in denen ich mal den Faden verloren habe."

Tim, -16 kg
WW Workshop

„Im Urlaub will ich auf nichts verzichten. Danach zeigt die Waage auch schon mal zwei, drei Kilo mehr an. Ich steuere aber inzwischen sofort gegen und bekomme die Kilos schnell wieder runter, indem ich einfach verstärkt darauf achte, was und wie viel ich esse."

50 Jahre Erfolge feiern

Tanja, -24 kg
WW Workshop

„Zusammen mit meiner Nachbarin habe ich an verschiedenen Sportkursen teilgenommen, z.B. Rücken-Fit oder Zumba. Dass wir die Kurse zu zweit gemacht haben, hat sehr geholfen. Ich konnte mich so nicht drücken."

Kerstin, -14kg
WW Digital

„Für mich ist Planung wichtig: Ich kaufe für die ganze Woche ein, mache mir meist abends Gedanken darüber, was ich am nächsten Tag essen werde. Diese Planung gibt mir Sicherheit und ich freue mich auf die einzelnen Mahlzeiten."

Andreas, -29 kg
WW Workshop

„Wenn ich mit Bus und Bahn unterwegs bin, steige ich eine Station vor dem eigentlichen Ziel aus und laufe den Rest zu Fuß."

Peggy, -11 kg
WW Workshop

„Viele Lieblingsgerichte kann man ganz einfach gesünder zubereiten: Für unser Familienrezept ‚Fettuccine mit Gorgonzolasoße' nehme ich heute Vollkornnudeln, nur noch die Hälfte des Käses – der ist ohnehin intensiv genug – und saure Sahne statt Crème fraîche. Parmesan gebe ich nicht nach Gefühl dazu, sondern wiege ihn ab."

Kevin, -26 kg
WW Digital

„Ich nehme heute für mein Lieblingsgericht Spaghetti bolognese statt gemischtem Hack einfach eine kleinere Menge Tatar und viel Gemüse. Meine Portion ist dann genauso groß wie früher und es schmeckt genauso lecker."

Nina, -12 kg
WW Workshop

„Egal wie hektisch der Tag beginnt: Ich frühstücke jeden Tag. Falls ich mal nicht die Zeit habe, mich ordentlich an den Tisch zu setzen, mache ich mir aus meinem Müsli einen Smoothie und trinke ihn. Hauptsache, ich habe eine gute Grundlage."

Jana, -15 kg
WW Workshop

„Bei Stillstand auf der Waage habe ich mich auch mal gemessen – und erstaunlicherweise tut sich beim Umfang dann doch oft etwas."

Marion, -12 kg
WW At Work

„Beim Frühstück stellt man die Weichen für den Tag: Statt Butter nehme ich als Belag einen fettarmen Frischkäse, dazu gibt es Honig und Marmelade. Mein Schokomüsli habe ich durch ein Basismüsli ersetzt, das ich mit Haferflocken anreichere."

Alexander, -12 kg
WW Digital

„Ich war gerade am Anfang viel in der Community in der App unterwegs, habe mein Essen gepostet oder auch das Ergebnis vom Wiegetag. Das hilft einem dranzubleiben."

Macarons mit Schokolade

Für 20 Stück   Zubereitungszeit 40 Min.   Garzeit 15 Min.   Kühlzeit 40 Min.

166 kJ | 40 kcal

70 g Puderzucker
50 g gemahlene, gesiebte
  Mandeln
1 Eiklar (Größe M)
einige Tropfen rote Lebensmittel-
  farbe (Tube)
20 g Zartbitter-Schokolade
80 g Frischkäse,
  bis 5 % Fett absolut

1 Puderzucker fein sieben. 20 g Puderzucker mit Mandeln vermischen. Eiklar steif schlagen und restlichen Puderzucker dabei einrieseln lassen. Mandelmischung portionsweise unterheben. Mandelmasse mit Lebensmittelfarbe verrühren, in einen Spritzbeutel mit Lochtülle füllen und auf ein mit Backpapier ausgelegtes Backblech 40 Kreise (Ø ca. 2 cm) aufspritzen. Macarons ca. 30 Minuten ruhen lassen.

2 Backofen auf 120° C Umluft (Ober-/Unterhitze nicht empfehlenswert) vorheizen. Macarons im Backofen auf mittlerer Schiene 12–14 Minuten backen und ca. 20 Minuten abkühlen lassen.

3 Für die Füllung Schokolade in einem warmen Wasserbad schmelzen, leicht abkühlen lassen, mit Frischkäse verrühren und ca. 20 Minuten kalt stellen. Füllung in einen Spritzbeutel mit Lochtülle füllen, auf die Unterseite von 20 Macarons spritzen, restliche Macarons aufsetzen und Macarons servieren.

So klappt's!

Die gemahlenen Mandeln müssen fein gesiebt sein. Es kann sein, dass du 80 g gemahlene Mandeln benötigst, um 50 g fein gesiebte Mandeln zu erhalten. Die gröberen Mandelreste kannst du ein anderes Mal weiter verwenden.

Nudelsalat mit Putenbrust

Für 1 Person   Zubereitungszeit 15 Min.   Garzeit 10 Min.

1807 kJ | 432 kcal

60 g trockene Vollkornnudeln
Salz, Pfeffer
1 Dose Mandarinen ohne Zucker
   (175 g Abtropfgewicht)
2 Frühlingszwiebeln
2 Tomaten
4 Scheiben Geflügelbrust-
   aufschnitt
100 ml Gemüsebrühe
   (1/2 TL Instantpulver)
1 EL Weißweinessig
1 TL Sonnenblumenöl

1 Nudeln nach Packungsanweisung in Salzwasser garen. Mandarinen abtropfen lassen und 30 ml Saft dabei auffangen. Frühlingszwiebeln waschen und in Ringe schneiden. Tomaten waschen und würfeln. Geflügelbrust in Streifen schneiden. Nudeln abgießen und mit Mandarinen, Frühlingszwiebeln, Tomaten und Geflügelbrust mischen.

2 Für das Dressing Brühe, Essig, Öl und Saft verquirlen und mit Salz und Pfeffer würzen. Salat mit Dressing mischen und ca. 10 Minuten ziehen lassen. Nudelsalat mit Putenbrust servieren.

Corinnas Tipp
**Der Salat lässt sich mühelos und schnell zubereiten.
Er eignet sich prima zum Mitnehmen zu einer Party,
ideal auch, wenn Kinder dabei sind.**

Rote Grütze mit Joghurt

Für 4 Personen   **Zubereitungszeit 15 Min.**   **Garzeit 30 Min.**   **Kühlzeit 30 Min.**

635 kJ | 152 kcal

200 ml Kirschsaft
50 ml Rotwein, schwer, 13 Vol.-%
40 g brauner Zucker
1 Zimtstange
2 EL Perlsago
400 g gemischtes rotes Obst
(z. B. Erdbeeren, Johannis-
beeren, Rhabarber, Kirschen)
125 g fettarmer Joghurt
1/2 TL gehackte Zitronenmelisse

1 Kirschsaft mit Rotwein, Zucker und Zimtstange in einem Topf auf mittlerer Stufe aufkochen, Perlsago einrühren und 20–25 Minuten köcheln lassen. Obst waschen, trocken tupfen und gegebenenfalls klein schneiden oder die Steine entfernen.

2 Obst zur Saft-Sago-Mischung geben und weitere ca. 5 Minuten köcheln lassen. Zimtstange entfernen und Rote Grütze ca. 30 Minuten abkühlen lassen. Joghurt mit Zitronenmelisse verfeinern und Rote Grütze mit Joghurt garniert servieren.

Tipp

Falls du keinen Alkohol verwenden möchtest, tausche den Rotwein gegen Kirschsaft aus. Die SmartPoints ändern sich nicht.

Scharfe Pekingsuppe

Für 4 Personen   **Zubereitungszeit 30 Min.**   **Garzeit 30 Min.**   **Kühlzeit 10 Min.**   **Einweichzeit 20 Min.**

611 kJ | 146 kcal

1 Stück Ingwer (ca. 3 cm)
400 ml Geflügelfond (Glas)
550 ml Gemüsebrühe
  (2 TL Instantpulver)
200 g Hähnchenbrustfilet
20 g getrocknete Mu-Err-Pilze
1 Zwiebel
1 rote Chilischote
3 Karotten
100 g Bambussprossen
  (Konserve)
1 TL Sesamöl
1 TL Sambal Oelek
1 TL Tomatenmark
2 EL Sojasauce
400 g passierte Tomaten
  (Konserve)
Salz, Pfeffer
1 TL Zucker
1 TL Speisestärke
2 EL Wasser

1 Ingwer schälen und in Scheiben schneiden. Fond mit 500 ml Brühe in einem Topf aufkochen. Hähnchenbrustfilet trocken tupfen, zur Brühe geben und auf mittlerer Stufe ca. 25 Minuten gar ziehen lassen. Hähnchen herausnehmen, ca. 10 Minuten abkühlen lassen und Brühe für die Suppe zur Seite stellen.

2 Pilze ca. 20 Minuten in restlicher Brühe einweichen, abtropfen lassen und gegebenenfalls in Stücke schneiden. Zwiebel schälen und in Streifen schneiden. Chilischote waschen, entkernen und hacken. Karotten schälen und in feine Stifte schneiden. Bambussprossen abtropfen lassen.

3 Öl in einem Topf auf hoher Stufe erhitzen und Zwiebeln mit Chili, Karotten, Ingwer, Pilzen und Bambussprossen darin ca. 3 Minuten anbraten. Sambal Oelek und Tomatenmark einrühren, mit Sojasauce, Tomaten und Brühe ablöschen und aufkochen.

4 Hähnchen mithilfe von 2 Gabeln zerrupfen und zur Suppe geben. Mit Salz und Pfeffer würzen und mit Zucker verfeinern. Stärke mit Wasser anrühren, zur Suppe geben und aufkochen. Scharfe Pekingsuppe servieren.

Spargelflammkuchen mit Rucola und Erdbeerdressing

Für 4 Personen   **Zubereitungszeit 35 Min.**   **Garzeit 35 Min.**   **Gehzeit 45 Min.**

1011 kJ | 242 kcal

1/4 Würfel Hefe
1 Prise Zucker
90 ml lauwarmes Wasser
150 g Mehl
2 TL Olivenöl
Salz, Pfeffer
250 g grüner Spargel
250 g weißer Spargel
1/2 unbehandelte Zitrone
200 g Frischkäse,
    bis 5 % Fett absolut
1 Msp. Chiliflocken
50 g Rucola
75 g Erdbeeren
2 TL heller Balsamicoessig
1 TL Senf

1 Hefe zerbröckeln und mit Zucker in Wasser auflösen. Mehl in eine Schüssel geben, in die Mitte eine Vertiefung drücken und Hefemischung hineingießen. Mit etwas Mehl verrühren und Vorteig an einem warmen Ort zugedeckt ca. 15 Minuten gehen lassen. Je 1 TL Öl und Salz dazugeben, zu einem glatten Teig verkneten und weitere ca. 30 Minuten gehen lassen.

2 Grünen Spargel waschen und das untere Drittel schälen. Weißen Spargel schälen und die holzigen Enden abschneiden. Spargel in kleine Stücke schneiden, in Salzwasser ca. 5 Minuten vorgaren und abgießen. 1/2 TL Zitronenschale abreiben und Zitronenhälfte auspressen. Für die Creme Frischkäse mit Zitronenschale, -saft, Chiliflocken, Salz und Pfeffer verrühren.

3 Backofen auf 180° C (Gas: Stufe 2, Umluft: 160° C) vorheizen. Teig gut durchkneten, zwischen Frischhaltefolie ca. 2 mm dünn ausrollen und auf ein mit Backpapier ausgelegtes Backblech legen. Teig mit Creme bestreichen, mit Spargelstücken belegen und im Backofen auf mittlerer Schiene 25–30 Minuten backen.

4 Rucola waschen und trocken schleudern. Für das Dressing Erdbeeren waschen, trocken tupfen und mit Essig, Senf, restlichem Öl, Salz und Pfeffer pürieren. Spargelflammkuchen mit Rucola bestreuen, mit Erdbeerdressing beträufeln und servieren.

Apfel-Rhabarber-Crumble

Für 6 Personen **Zubereitungszeit 20 Min.** **Garzeit 50 Min.**

1256 kJ | 300 kcal

3 süßliche Äpfel (z. B. Gala)
400 g Rhabarber
1 unbehandelte Orange
2 EL Zucker
50 g Halbfettmargarine
75 g Mehl
25 g brauner Zucker
75 g Haferflocken
400 ml Vanillesauce
(Fertigprodukt)

1 Backofen auf 180° C (Gas: Stufe 2, Umluft: 160° C) vorheizen. Äpfel vierteln, entkernen, schälen und in Stücke schneiden. Rhabarber abziehen und in 2 cm große Stücke schneiden. 1 TL Orangenschale abreiben und Orange auspressen.

2 Äpfel, Rhabarber, Zucker, Orangenschale und -saft in eine Auflaufform (ca. 20 x 30 cm) geben und vermischen. Mit Alufolie abdecken und im Backofen auf mittlerer Schiene ca. 25 Minuten backen.

3 Für den Crumble Margarine, Mehl, braunen Zucker und Haferflocken zu Streuseln verkneten. Streusel auf dem Obst verteilen und weitere ca. 25 Minuten backen. Vanillesauce nach Packungsanweisung erwärmen und Apfel-Rhabarber-Crumble mit Vanillesauce servieren.

Corinnas Tipp

Ein köstliches Rezept für alle, die gerne Süßes mögen. Statt Vanillesauce esse ich zu warmem Crumble auch gerne eine Kugel Vanilleeis – einfach lecker!

Register nach Plan

	🟢	🔵	🔴	Seite
Nasi Goreng mit Schwein	10	10	10	49
Nudelsalat mit Putenbrust	8	7	1	113
Ofenlachs auf Zucchini in Zitronen-Senf-Marinade	10	4	4	28
One Pot Pasta mit Hähnchen	11	9	9	17
Pekingsuppe, scharfe	1	1	1	117
Pfirsich Melba	8	8	8	89
Pizzamuffins, saftige	5	4	4	82
Putenschnitzel Hawaii	10	9	9	67
Rote Grütze mit Joghurt	6	6	6	114
Saltimbocca vom Schwein	10	10	6	27
Sardellensalat	2	2	2	45
Sauerkrauteintopf mit Kasseler	11	11	7	56
Spargelcremesuppe	4	4	4	35
Spargelflammkuchen mit Rucola und Erdbeerdressing	6	6	6	118
Szegediner Putengulasch	9	7	7	103
Tacosalat mit Tatar	9	6	6	14
Tafelspitz mit grüner Sauce	6	5	3	13
Tomaten mit Waldorfsalat, gefüllte	2	2	2	68
Tomatensteak mit Thymianrosenkohl	9	9	9	85
Waldfruchtéclairs mit Chocolate Mousse	3	3	3	104
Wirsingrouladen	9	9	5	46
Wurst-Lauch-Salat	2	2	2	78
Zwiebelsuppe, gratinierte	5	5	5	10

Register nach Zutaten und Stichworten

1 In einer 6-monatigen Vorher-Nachher-Studie, die von Dr. Patrick O'Neil und Kollegen vom Weight Management Center der Medical University of South Carolina (USA) durchgeführt wurde, berichteten 88% der Teilnehmer, dass das Abnehmen mit *meinWW*™ einfacher sei als Diätversuche in Eigenregie. Die Studie wurde von WW finanziert. **2** Die Teilnehmerin hat mit dem Vorgängerprogramm abgenommen und hält Gewicht mit *meinWW*™.

mein

„Mein täglicher Reminder, auf mich selbst zu achten!"

Tina, -29 kg[2]
@tinacarrot

Maßgeschneidert für dich!

Entdecke *meinWW*™, das Programm, das dir nachweislich das Abnehmen erleichtert![1]

Gleich anmelden, Fragebogen ausfüllen und maßgeschneiderten Ernährungsplan erhalten:

WW.com

Impressum

Redaktion

WW Deutschland
Claudia Braun, Iris Hermann, Ewa Tacke

Rezepte & Realisierung

Food Professionals Köhnen GmbH, Sprockhövel
Silke Höpker, Insa Weißpfennig, Dorothe Trzensimiech

Fotografie

Klaus Arras, Florian Bonanni, Carsten Eichner,
Jan Jankovic, Dirk Przibylla, Hubertus Schüler,
WW International

Foodstyling

Ingo Breuer, Katja Briol, Marc Fleischer, Maren Jahnke,
Thomas Lauterbach, Franziska Marderecker, Stefan Mungenast,
Bonnie Reymann, Anne Rogge, Jörg Schmitz, WW International

Texte

herzundseele, Die PR Manufaktur, Düsseldorf, Tina Sedlmeier

Bildnachweise

WW (Deutschland) GmbH, WW International
U3: Getty Images, Michael Ochs Archives/ Michael Ochs Archives
S. 9: Getty Images, Denver Post/ Bill Wunsch
S. 21: Stern, Februar 1976, Foto: Lindbergh

Gestaltungskonzept & Grafik

Niehaus Knüwer and friends GmbH Werbeagentur, Düsseldorf
Food Professionals Köhnen GmbH, Sprockhövel
Titelgestaltung: THE BABY ELEPHANT GmbH, Düsseldorf

Druck

paffrath print & medien GmbH, Remscheid

WW (Deutschland) GmbH
www.ww.com/50Jahre
Info-Hotline 0211 - 3805 3813
Bestell-Nr. SKU: 402052
ISBN: 978-3-9820647-9-6